아침 명상

아
침 명
상

노튼 출판사 편집부 엮음
지소강 옮김

MORNING MEDITATIONS

한문화

책을 읽기 전에

이 책은 우리 시대 심리치료 분야에서 선구적이고 뛰어난 지성들의 통찰을 뽑아내 엮은 것입니다. 정신 건강 분야의 주요 서적들 가운데 사유를 자극하는 내용을 신중하게 선별하여 한 권의 책으로 만들었습니다. 모든 꼭지가 통찰력 있는 인생 교훈, 고려해볼 만한 전략, 다른 관점으로 생각할 수 있는 방법 들을 제시하고, 인격 성장의 길로 안내합니다. 또한 문제를 이해하기 쉽게 설명하고, 생각을 확장시킬 수 있는 내용들도 담고 있습니다. 언제나 바로 곁에서 신실한 심리치료사가 되어줄 이 책은 일상생활 속에서 당신을 격려하고, 지지해줄 것입니다.

각 주제글 뒤에는 보다 깊은 사유를 촉진할 수 있는 여러 가지 제안과 질문, 구체적인 수련법이 덧붙여져 있습니다. 해당 꼭지에서 다루는 개념을 확장하고 강조하고자 추가한 부분입니다. 기분에 따라 주제글만 읽고 싶을 수도 있고, 때로는 좀 더 깊이 파고들어 제시된 질문과 수련법을 숙고해볼 수도 있습니다. 그날 그 순간 하고 싶은 대로 이 책을 활용하세요.

이 책의 꼭지들은 다음과 같은 일반적인 주제들을 다루고 있습니다.

마음챙김
알아차림
변화
가족
관계
감사
스트레스
건강

용서

의사소통

문제해결

목표

책은 순서대로 읽어도 되고, 각 꼭지의 맨 위에 명시한
주제를 골라 읽을 수도 있습니다. 책의 꼭지들을 하나씩
읽어가다보면 특정 주제가 다른 주제들보다 더 와닿게
느껴질 수 있습니다. 만약 인간관계와 관련된 글만 읽고
싶어졌다면 책 뒤쪽의 주제별 목록을 활용하세요. 꼭지
당 하나의 주제만 명시되어 있지만 사실 많은 글들이 한
가지 이상의 주제와 연관되어 있습니다.

두 번째 장인 '심상화 명상 길잡이'에 소개된 수련법들은
기본적인 명상과 이완의 기술을 가르쳐주기 위해 고안된
것으로, 다른 장에 비해 설명적이고 목적이 분명합니다.

당신이 매일 영감을 얻을 자기계발 프로그램을 찾는 중
인지, 혹은 기분 내킬 때마다 잠깐씩 읽을 책을 찾고 있

느지 알 수 없지만, 여기에 선별된 글들은 추후에 보다 깊은 자아탐구의 길로 나아가기 위한 실용적이고도 진중한 시작점이 되어줄 것입니다.

책 전반에 등장하는 '명상'이라는 단어는 대상을 응시하고, 다각도로 생각해보고, 깊이 사색하는 가장 기본적인 의미로 사용되었습니다. 이 책을 활용하기 위해 특정한 명상법이나 종교 활동에 천착할 필요는 전혀 없습니다. 다음 말을 기억하세요.

"가장 중요한 것은, 명상이 경험이라는 사실입니다. 명상은 내면의 '예술'로 여겨질 만큼 높이 평가받는 경험입니다. 명상가는 자신의 중심으로 회귀하지만, 역설적으로 자신에게 주어진 한계를 뛰어넘기도 합니다. 우리는 당신에게 자기 잔을 비우고 명상의 경험으로 들어오라고 초대하고 있습니다. 치유의 바다(Therapeutic seas)를 통해 행복하고 충만한 삶으로 이끌어줄 새로운 발견을 하게 될 것입니다."

아침 명상

MORNING MEDITATIONS

고요히
앉아 있는 것

명상은 고요히 앉아 있는 시간으로, 겉보기에는 아무것도 하지 않는 것처럼 보입니다. 고요히 앉아 아무것도 하지 않는 것을 시간 낭비라고 생각하는 경우가 많습니다. 아무 일도 하지 않으면서 어떻게 의미 있는 무언가를 성취할 수 있단 말인가요? 명상은 정말 아무것도 하지 않는 것일까요? 이런 질문에 답하기 위해서는 관점의 전환이 필요합니다. 관점의 전환을 시도할 때 새로운 가능성의 세계가 펼쳐집니다. 명상은 맑고 또렷한 정신으로 일상을 경험하기 위한 통로로, 생각과 행동이 직접적이고 즉각적으로 연결되도록 도와줍니다. 언뜻 보기에는 아무 활동도

하지 않는 것 같지만 실은 고유한 특성을 가진 활동입니다.

_____ 잠시 모든 동작을 멈추고, 처음 이 책을 손에 든 이유를 곰곰이 생각해보세요. 내 일상의 변화를 일으키는 데 이 책은 어떤 역할을 할 수 있을까요? 이 책을 통해 내 삶을 되돌아보고, 내가 바라는 변화를 위해 노력해볼 준비가 되어 있나요?

감정의
이름표

감정에 어떤 이름을 붙이느냐는 중요한 문제입니다. 우리가 붙인 이름표에 따라 그 느낌을 어떻게 다룰지, 어떤 행동을 취할지가 결정되기 때문입니다. 예를 들어 어떤 감정을 두려움이라고 이름 붙인다면 우리는 주변에 어떤 위험 요소가 있는지 황급히 주위를 둘러볼 것입니다. 그 감정을 두려움이라고 명명했기 때문에 자신을 보호하거나, 도망칠 방법을 찾게 되는 것입니다. 같은 감정에 분노라는 이름표를 붙이면 마음의 흐름이 완전히 바뀌어버립니다. 엄준한 태도로 분노를 일으킨 사람이 누구인지 찾고, 도망치는 대신 성난 모습으로 그 사람에게 다가가 당장 그 행동을 멈추게 할 것입니다. 만약 마음속에 어떤 감정이 일어났을 때 커피를 열 잔이나 마셨기 때문에 일어난 흥분 상태라고 여긴다면, 우리는 그 감정에 대처하려고 도망가거나 공격할 생각을 하지 않고, 커피를 그만 마시고 잠시 휴식을 취하면서 각성효과가 사라지기를 기다릴 것입니다.

이처럼 감정에 정확한 이름을 붙이는 것이 아주 중요합니다. 우리가 부여한 이름이 감정에 대처하기 위해 무엇을 해야 하는지 정확히 알려주기 때문입니다.

이런 방식으로 감정은 시각, 청각, 후각, 미각 같은 다른 감각과 마찬가지로 우리에게 세계에 대한 정보를 전달합니다. 다른 감각들은 우리를 둘러싼 외부세계에 대해 말해주지만, 감정은 우리 안에서 무슨 일이 일어나고 있는지 말해주는 내면의 감각입니다.

_____ 자신이 느끼는 감정을 자기 자신에게 분명한 언어로 표현해보세요. 그 표현이 생각한 만큼 정확한가요? 자신이 무엇을 느끼는지, 왜 그런 느낌이 드는지 정확하게 알기 위해 정말, 진심으로, 솔직하게 자신의 마음을 들여다볼 수 있나요? 감정의 근원을 파악하고 그 정체를 명확히 밝히면 감정을 다루는 일이 한결 수월해집니다. 자신의 감정과 마주하는 용기를 내보세요.

경보음

위기는 경보음과 같은 역할을 하기도 합니다. 많은 사람들이 타성에 젖어 살아갑니다. 자신이 가고 있는 방향을 다시 검토하게 만드는 어떤 일이 발생하지 않는다면, 우리는 원가족*의 습성, 문화적 배경, 혹은 인생 초기에 내린 결정에 따라 자신이 걸어왔던 길을 계속 갈 가능성이 큽니다. 위기는 경로를 변경하고 일찍이 저버렸던 꿈에 재도전할 수 있는 시간과 기회를 제공합니다.

* 성인이 되어 새로운 가족을 이루거나 독립하기 전까지, 부모 밑에서 함께한 가족

_____ 지난날 자신이 겪어냈던 위기에 대해 생각해보세요. 이미 흘러간 과거가 된 지금, 그 위기가 어떤 방식으로 자신에게 '선물'을 안겨주었는지 비로소 보이지 않나요? 위기를 겪고, 극복해낸 후 세상과 삶을 바라보는 시각은 어떻게 달라졌나요?

역할
바꾸기

개인의 역할은 위, 아래, 옆이라는 관계적인 위치에 따라 달라질 수 있습니다. 가족 내의 각 사람이 때에 따라 각기 다른 위치에 있을 수도 있습니다. 예를 들어 부모는 위에서 (자녀를 돌보는) 부모의 역할을 담당하지만, (자녀의 친구가 되어 이야기를 들어줄 때처럼) 옆의 위치에 있을 때도 있고, (자녀에게 무언가를 배울 때는) 아래의 위치에 서게 될 때도 있습니다.

세 가지 중 한 가지 역할에만 고정되어 있는 사람은 인격적인 성장과 발전 가능성이 제한됩니다. 부모가 아이에게 즐겁게 노는 방법을 배우는 것은 중요합니다. 마찬가지로 자녀가 부모에게 책임감을 배우는 것도 중요합니다. 가족 안에서 어른과 아이의 서로 다른 역할을 인정하고 감사하는 태도를 가지면 가족 구성원들도 각자 건강하게 성장하고, 서로가 보다 돈독한 관계로 이어져 행복한 일상을 누릴 수 있습니다.

_____ 가족과 함께 있을 때 가장 쉽게 빠져드는 역할은 무엇인가요? 오늘은 상대적으로 덜 자연스럽게 느껴지는 역할을 맡아보세요. 그 경험을 통해 무엇을 배웠나요? 만약 그 경험이 긍정적이었다면 이제까지 당연하게 여겼던 역할만 고수하지 말고 가족 안에서 자신의 위치를 보다 유연하게 설정해보세요. 그리고 이런 시도가 어떤 차이를 만들어내는지 주의를 기울여보세요.

귀를
기울인다는 것

누군가와 대화를 하는 사람은 자기 의견을 분명하게 말할
줄 알아야 하며, 상대방의 말에 귀 기울일 줄도 알아야 합
니다. 사람 사이의 건강한 상호작용을 위해서는 다른 사
람의 말에 귀를 기울이는 능력이 필요합니다. 그냥 듣는
것과 경청하는 것은 차이가 있습니다.

스페인에서는 오이르oír와 에스쿠차르escuchar라는 완전히
분리된 두 단어를 사용하여 그냥 소리를 듣는 것과 귀 기
울여 경청하는 것을 구분합니다. 오이르는 사물이나 사람
이 내는 소리를 단순히 듣는다는 의미입니다. 우리는 대

화에 열중하지 않고도 어떤 사람이나 사물에서 들려오는 소리를 들을 수(oír) 있습니다. 예를 들어 문이 삐걱대는 소리를 듣기도 하고, 의미를 제대로 파악하지 못한 채 내뱉어지는 말을 들을 때도 있습니다. 그런데 우리가 누군가의 이야기를 경청(escuchar)할 때는 단순히 소리를 듣는 것을 넘어 단어의 깊은 의미, 전하고자 하는 메시지의 뉘앙스와 의도, 말하는 사람이 내뿜는 에너지의 크기를 진정으로 이해합니다. 다른 사람의 말을 경청하면 반드시 그의 의견에 동의하지 않더라도 의미 있고 친밀한 교제를 나눌 수 있습니다.

_____ 최근에 누군가와 나눈 힘들었던 대화를 떠올려보세요. 상대방의 말을 성심껏 경청하면서 진심으로 대화하려 했었나요, 혹시 상대방의 진의를 소홀하게 듣지는 않았나요? 상대를 이해하기 위해 진심으로 경청했다면 그때의 대화와 지금의 감정은 달라졌을까요?

만일 대화가 원활하지 못해 긴장감이 생기는 상황을 맞게 된다면 잠시 대화를 멈추고, 자문해보세요. 상대방의 말을 정말 제대로 경청하고 있는지, 상대방의 이야기는 흘려듣고 내가 말할 차례만 기다리고 있지는 않은지.

그리고 새롭게 상대를 이해해보겠다는 마음으로, 의식

적으로 상대의 말을 경청해보세요.

셀프
헬프

누군가를 돕는 일은 우리의 일상의 한 부분으로, 가족, 친구, 이웃 등 내가 속한 공동체 속 사람들과 유대감을 단단히 하는 방법입니다. 또한 자선단체를 통해 누군지 모르는 사람들과도 유대 관계를 맺을 수도 있고, 더 나아가 동물, 식물, 자연환경 등등, 우리가 속한 세계를 돕는 일로 확장될 수 있습니다. 그리고 우리는 나 자신을 돕습니다. '셀프 헬프self help,' 우리가 돕는 이 중에 나 자신을 빠뜨려서는 안됩니다. 이 책을 읽고 명상하는 것도 자신이 보다 행복하고 건강하게 살아갈 수 있도록 스스로 돕고 있는 것입니다.

_____자신에게 이렇게 말해보세요. '나는 도움을 주고받는 거대한 관계망에 속해 있습니다. 나는 아침 명상을 읽는 동안 의지적으로 나 자신과의 유대를 강화하고 있습니다.'

자신과의 유대를 강화하는 것은 내가 속한 공동체와의 유대도 강화하는 것입니다. 오늘은 기회가 될 때마다 다른 사람을 도우려고 의식적으로 노력해보세요. 자기 자신을 넘어서 다른 사람에게로 도움을 확장할 때 어떤 변화가 생기는지 경험해보세요.

쏘고 나서
조준한다

실수를 두려워하면 긴장하게 됩니다. 자신의 실수에 비판적인 사람은 의기소침해지는 경향이 있습니다. 다른 사람의 실수에 엄격한 사람은 쉽게 화를 냅니다.

우리는 '준비하고, 조준하고, 쏘세요.'라는 문구에 익숙하지만, 현실에서는 '준비하고, 쏘고, 조준하세요.'라는 표현이 더 적절한 경우가 많습니다. 두 번째 문구는 즉각성과 자발성을 목표로 하는 즉흥극의 핵심이자 대들보입니다. 시행착오를 통해 배워나가고 해결책을 얻는 현실의 삶도 즉흥극과 마찬가지입니다. 실수인지 아닌지는 실제로 겪어본 후에야 판단할 수 있습니다. 할 수 있는 최선의 조치를 한 다음, 어떤 일이 뒤따르는지 지켜보고, 적절한 방향으로 조정해야 합니다. 결과는 우리의 통제를 벗어난 일이기 때문입니다.

이는 어떤 조치가 효과적이었고, 무엇이 좋지 않은 영향을 미쳤는지 분석하여 다음 대응책을 수정해가는 창조적인 과정입니다. 다양한 모임에서의 경험, 배우자와의 대화, 새로운 패션브랜드 디자인에 이르기까지 모든 일에 적용될 수 있습니다. 그래서 많은 사람들에게 다음의 문구가 큰 영감을 주고 있는 것입니다.

"좋은 결정은 경험에서 나오고, 경험은 나쁜 결정을 하면서 쌓는 것이다."

_____ 최근에 자신이 실수했다는 사실을 깨달았던 상황을 곰곰이 생각해보세요. 그 실수를 통해 뭔가를 배울 수 있었나요? 그 일을 통해 얻은 교훈을 어떻게 다른 상황에 적용할 수 있을까요?

주도하는 삶

정서적 성숙도란, 다른 사람들과 정서적 기반을 공유하면서도 가까운 사람들이 보내는 유무언의 신호에 따라 수동적으로 살지 않고, 자신에게 주어진 사회적 맥락 안에서 본인의 가치관을 따라 자기 주도적인 삶을 이끌어가는 정도를 가리키는 말입니다. 정서적으로 성숙한 사람들은 타인의 인정을 받거나, 누군가를 공격하거나, 감정적인 면을 무시하고 옳고 그름만 따지거나, 관계 속에서 통제권을 차지하기 위해, 혹은 상대에게 자신이 바라는 감정적 위안을 얻어내기 위해 인간관계를 조종하는 데 자기 삶의 에너지를 사용하지 않습니다.

그들은 인간관계 속에서 정서적인 친밀함을 누리면서도 자기 삶의 목표를 향해 자유롭게 나아갈 수 있습니다. 또한 다른 사람을 공격하거나, 자신을 보호하려고 방어적으로 행동하지 않고도 차분하게 자신의 신념과 감정을 이야기할 수 있습니다. (물론, 필요에 의해서 자신의 감정이나 신념을 표현하는 것을 자제할 줄도 압니다.) 그들은 사적인 인간관계를 맺을 때 상대방과 공통점을 찾으려 제3자, 다른 활동, 공허한 주제를 끌어들이지 않고도 따뜻하고 열린 태도로 교제할 수 있습니다.

대인관계 속 자신의 모습을 어떻게 특징지을 수 있을까요? 자기 의견을 분명히 밝히는 동시에 상대에 대한 공감과 연민을 표현할 수 있나요? 적당한 거리를 유지하는 것을 선호하는 편인가요? 다른 사람의 인정과 수용을 중요하게 생각하나요? 쉽게 방어기제가 작동하지는 않나요?

자기 본연의 모습으로 존재하는 것을 얼마만큼 편안하게 느끼는지 스스로를 성찰해보세요. 열린 마음과 성숙한 태도로 주변 사람들과 교류하면서도 분명한 자아감*

* 자신의 행동이나 생각 따위가 자기 것이라는 느낌

을 가지고 세상을 살아가고 있다고 자신 있게 말할 수 있나요?

_____ 자신과 가까운 사람을 한 명 떠올리고, 어떻게 그 관계를 향상시킬 수 있을지 생각해보세요.

자신이 인간관계 속에서 어떻게 행동하는지 이해하면, 자신이 고민해야 할 보다 중요한 삶의 과제들이 무엇인지 발견하게 될 것입니다.

감사의
조건

세상은 언제나 불완전하지만 당신은 어떤 조건에서도 감
사할 수 있다는 사실을 깨달아야 합니다. 예를 들어보겠
습니다.

- 아플 때나 건강할 때나 항상 감사할 수 있습니다.
  몸이 아프다면 건강했던 시간에 감사하기로 결단할
  수 있습니다. 아프지 않을 때는 자신이 지금 건강하
  다는 사실에 감사할 수 있습니다.

- 힘든 상황에 처해 있어도 감사할 수 있습니다. 감사

한다고 문제가 해결되지는 않겠지만 답이 안 보이는 상황 속에서도 긍정적인 면을 찾을 수 있게 도와줍니다. 불의의 사고나 재난을 겪었다면 자신이 살아남았다는 사실에 감사할 수 있습니다. 또한 자신이 잃은 것들을 생각할 때는 남아 있는 것들의 소중함을 깨닫고 감사할 수 있습니다.

- 상실 속에서도 감사할 수 있습니다. 사랑하는 사람의 죽음은 깊은 슬픔을 안겨주는 사건입니다. 그런 가운데서도 "우리가 함께했던 시간들에 감사합니다." 혹은 "그/그녀는 성실하게 살며 인생의 기쁨을 누렸어요."와 같은 말들은 분노, 슬픔, 원망, 죄책감, 수치심과 같은 부정적인 감정을 누그러뜨릴 수 있게 합니다.

_____ 어려운 과제에 직면했을 때에도 감사를 표현할 수 있나요? 최근에 있었던 힘든 시간을 떠올려보세요. 그 괴로움에도 불구하고 감사를 표현할 수 있었을까요? 만일 지금이라면 같은 상황에서 어떻게 감사를 표현할

수 있을지 차분히 생각해보세요. 다음에 또 어려운 상황이 닥치면 그 방법을 시도하겠다고 마음 깊이 새기세요.

자신에게 닥칠 가능성이 있는 어려운 상황들을 목록으로 만들어 정리해보는 것도 유용한 방법입니다. 각각의 어려운 상황에 대해 감사할 수 있는 긍정적인 면을 다섯 가지씩 생각해보세요. 이런 식의 감사 훈련법은 연속성이 있어서 한 번 시작하면 습관이 됩니다.

융통성과
결단력

표면적으로 융통성이나 변화를 기꺼이 수용하는 능력은 결단력의 정반대편에 있는 것처럼 보입니다. 하지만 실제로 이 두 가지는 결코 서로 모순되는 능력이 아닙니다. 결단력은 강한 의지와 연관된 것이지, 기존의 것을 고수하려는 경직성과는 관련이 없습니다. 결국 융통성이란, 인간관계 속에서 변화를 수용할 수 있는 능력, 목표를 달성하는 데 불필요하다고 판단되면 헛된 시간을 보내지 않고 과감하게 그만둘 수 있는 능력을 가리킵니다.

_____ 최근에 친구, 가족, 연인과 의견충돌이 있었나요. 그때 상황을 되돌아보고 자신이 좀 더 유연하게 대처할 수는 없었는지 생각해보세요. 상대방의 관점을 수용하면서도 자신의 감정과 의지를 분명하게 보여주려면 어떻게 말하고 행동했어야 할까요?

지금
이 순간

우리가 지금 이 순간의 경험에 대해 얼마나 모르고 있는지 생각해보면 놀라울 정도입니다. 현재의 순간이 과거나 미래에 저당잡히는 경우가 많기 때문입니다. 과거의 그림자가 짙게 드리우면 현재의 경험은 빛을 잃어버려 이미 알았던 것을 확인하는 수준에 그치고, 소중한 경험을 통해 새로운 지식을 얻지 못합니다. 또한 미래에 대한 계획이나 염려가 현재의 경험을 조급하게 재구성하면 현재는 의미를 잃어버리고 덧없이 흘러가 소멸되어버릴지도 모릅니다.

우리의 과제는 과거와 미래가 균형 잡힌 대화를 나누는 과정 속에 현재의 순간이 존재한다고 상상하는 것입니다. 현재의 순간이 과거와 미래에 닻을 단단히 내리지 못하면 현재는 무의미한 파편으로 떠오를 것입니다. 반대로 현재의 순간이 과거와 미래에 과도하게 묶여 있으면 현재의 가치는 하찮아질 것입니다.

_____ '지금 이 순간'만 생각하도록 (지금 이 순간) 시도해보세요. 과거를 생각하지 마세요. 현재에 대해서도 생각하지 마세요. 지금, 이 순간에 머무르는 일이 얼마나 많은 노력을 필요로 하는지 느껴보세요.

오늘 하루를 살아가는 동안 자신의 마음을 지금, 여기로 다시 불러오려고 최대한 노력해보세요. 이런 의도적인 접근 방법이 자신의 하루에 어떤 변화를 일으키는지 지켜보세요.

온전성

생물학적으로 말하자면, 건강이란 자가 교정·자가 균형을 추구하는 생물 유기체의 선천적인 능력을 보전하고 있는 상태를 말합니다. 이것이 온전성입니다. 온전성의 개념은 무척 단순하고 여기저기 흔하게 사용되기 때문에 사람들이 쉽게 간과하는 경향이 있습니다. 하지만 온전성은 단순한 동시에 아주 복합적이고 미묘한 개념으로, 과학자들조차 이 개념을 완전히 파악하지 못하는 경우가 많습니다. 그럼에도 온전성은 생명체 본연의 능력을 통해 건강을 유지할 수 있게 도와줍니다. 온전성이 없다면 생명체는 어딘가 고장 나고 병들게 될 것입니다. 온전성을 보전

해야만 생명체는 신체적, 정신적, 영적으로 건강한 삶을 영위할 수 있습니다. 온전성을 잃어버리면 불안, 우울, 질병, 만성 통증이 나타나고, 온전성을 되찾으면 내면의 평화, 참된 기쁨, 신체의 치유력이 회복됩니다.

———— 자신에게 건강은 어떤 의미인가요? 건강을 생각할 때 온전성을 경험하나요? 온전함을 느끼며 살아가기 위해 자신이 할 수 있는 일은 무엇일까요? 슬프거나, 외롭거나, 삶의 문제로 곤란을 겪을 때는 문제에 시선이 고정되어 문제 너머의 본질을 보지 못하는 경우가 많습니다. 몸은 균형을 유지하려는 본성이 있기 때문에 가끔은 당면한 문제에서 시선을 거두고 삶의 다른 양상에 집중하는 것만으로 몸과 마음의 문제가 해결되기도 합니다.

판에 박힌 생활에 지쳤다면 오랜 친구와 점심 약속을 잡고 함께 공원을 산책하며 나무들을 감상해보세요. 금요일 저녁마다 먹던 라면 대신에 건강한 음식을 선택해보세요. 매주 보던 드라마나 영화를 한 편 줄이고 예전부터 읽고 싶었던 책을 한 권 꺼내 읽어보세요. 자신의 삶에 온전성의 감각이 되살아나도록 의식적인 노력을 기울이세요.

준비하는
시간

누구나 살다보면 과거를 붙잡고 파고드는 시간들이 있습니다. 하지만 과거를 흘려보내는 시간도 오기 마련입니다. 이 진리는 인생을 바꾸는 큰 사건뿐 아니라 일상의 사소한 경험에도 적용됩니다.

과거를 흘려보낸다는 것은 불가피하게 찾아오는 망각이 아니라, 관점의 이동을 의미합니다. 점진적으로 관심사가 지금, 여기로 이동하고, 더 나아가 미래에 대한 계획과 소망을 향하는 것입니다. 과거의 기억이 한 사람의 삶의 구조 속에 통합되면 필요에 따라 과거의 기억에 관심을 집중할 수도 있습니다.

과거를 파고들거나, 특정한 기억을 마주하겠다는 결정은 자신이 그럴만한 마음의 준비가 되어 있느냐에 달린 문제입니다. 과거를 놓아주고 앞으로 나아가겠다는 결정 역시 마찬가지입니다. 오직 자신만이 과거를 보내줘야 할 시기가 언제인지 결정할 수 있습니다. 이 결정은 자신의 의지가 반영된 행동인 동시에, 무의식적인 차원이 포함된 통합적인 결과입니다. 그래서 인지할 수 없을 정도로 자연스러운 방식으로 이루어질 때가 많습니다. 자신의 과거와 현재를 보다 편안하게 받아들인다면 긴장이 풀려서 다른 곳으로 주의를 돌릴 수 있게 됩니다. 과거는 항상 그 자리에 있을 것이므로 자아가 길을 잃을 위험은 없다는 사실을 마음 깊이 깨달아야 새로운 영역을 탐험하는 일이 가능해집니다.

_____ 과거의 일들을 얼마나 편안하게 느끼나요? 과거에 얽매여 괴로워하지 않고, 편안하게 받아들여 성장의 자양분으로 삼을 수 있나요?

오늘은 자신에게 이렇게 말해보세요. '내 기억은 생동감 있게 탐험할 수 있는 새롭고도 다채로운 풍경이다.' 즐거운 기억이든, 괴로운 기억이든 과거를 생각할 때는 이 문장을 기억하세요.

의미 있는
느낌

의미 있는 느낌이란 지금, 여기에서 즉각적으로 생성되는 감각으로, 현재 처해 있는 상황에서 다음 단계를 형성할 수 있는 유기체입니다. 의미 있는 느낌은 우리가 의도적으로 초청할 때 형성됩니다. 진심으로 알고 싶다는 마음을 담아 "나는 지금 어떤 상태지?"라고 스스로 묻고, 대답을 기다리세요. "무엇 때문에 이 문제에 이렇게 신경이 쓰이는 걸까?"라고 마음속으로 질문하고 어떤 느낌이 다가오기를 기다려보세요.

질문을 하는 목적 중 하나는 의미 있는 느낌이 형성될 수 있도록 잠시 멈추는 것입니다. 물론 이런 개념적인 장치가 의미 있는 느낌이 발생하는 데 필수적인 것은 아닙니다. 의미 있는 느낌이라는 용어를 알지 못하는 사람도 누구나 그 느낌을 경험할 수 있기 때문입니다. 의미 있는 느낌이 형성될 때는 항상 어떤 종류의 멈춤, '무언가'를 향한 돌아섬이 있습니다. 아마도 혼탁하고, 불분명하고, 모호한, 그리 유쾌하지 않은 느낌으로 다가오겠지만, 의미 있는 느낌이 형성되었다는 사실은 우리 삶이 이미 새로운 길로 나아가기 시작했다는 뜻입니다.

_____ 판단과 두려움을 내려놓고 현재를 의식하면서 자기 자신을 느껴보세요. '나는 지금 어떤 상태지?'

　하루를 살아가는 다양한 순간들 속에서 자신에게 질문하는 시간을 가지세요. '나는 지금 어떤 상태지?'

일상의 사건들에 반응하는 자신에게 주의를 기울이면 이전과는 다르게 행동할 수 있는 길이 열릴 거예요.

유머의 힘

'건전한 유머 감각'을 발휘하기 위해서는 물론 '재미있어야' 하겠지만, 건전한 유머의 핵심은 '재미'를 위해서 다른 사람을 방해하거나 공격하지 않아야 한다는 것입니다. 건전한 유머 감각은 자기 자신이나 다른 사람이 했던 일, 혹은 하려다가 실패한 일에서 익살스러운 면을 발견합니다. 그리고 그 익살스러운 면을 신랄함보다는 유쾌한 방식으로 인간의 특성이나 보편적인 인생살이에 연관시켜 웃음을 자아냅니다. 특히 멋진 유머 감각은 스트레스가 있는 상황에서 빛나는 가치를 발휘합니다. 갈등을 줄이고 여유를 되찾는 데 큰 도움을 주기 때문입니다.

_____ 자신이 유머 감각을 어떤 식으로 발휘하고 있는지 되돌아보세요. 자신이 한 유머로 경직된 분위기가 부드러워졌나요? 오히려 어색하게 만들지는 않았나요? 상황을 악화시키는 것이 아니라, 활기를 불어넣는 유머를 사용하기 위해서는 나에게 어떤 변화가 있어야 할까요?

원초적
인간애

우리 내면의 일부는 늘 가족의 품으로 돌아가고 싶어 합니다. 하지만 있는 모습 그대로의 가족이 아니라 지금과는 조금 다른 모습의 가족에게로 돌아가기 원합니다. 이제는 가족들을 성숙한 관점으로 바라보며 방어적으로 행동하지 않겠다고 스스로에게 선언해보세요. 더 이상 부모님의 부부 싸움에 휘말리거나 부모님의 관심을 얻기 위해 형제자매들과 경쟁하지 않겠다고 말입니다. 적절한 거리를 유지할 수만 있다면 결국에는 성숙함, 객관성, 유머, 평온함이 승리할 것입니다.

가족들을 만나 잠시나마 가까스로 자아를 다스리는 데 성공할 때도 있습니다. 하지만 바로 그때, 겉보기에는 사소해 보이는 사건이 벌어집니다. 부모님의 경제적인 상황을 비웃는 듯한 농담을 던져서 어머니가 불편한 표정으로 침묵하는 상황 같은 것 말입니다. 아마도 이런 장면은 과거에도 백번 넘게 반복되었을 겁니다. 그러면 순식간에 유년시절에 담당했던 역할로 돌아가 어머니를 보호하는 자리로 이동합니다. 그리고 다시 형제자매들과 함께 부모님이 얼마나 구제불능인지 험담하면서, 한편으로는 이렇게 적대감이 내재하는 가족 안에서 자신이 대체 어떻게 살아남을 수 있었는지 놀라워합니다.

가족들의 결합을 원한다면, 자신과 가족은 서로에게 속해 있다는 사실을 인지하고 공감대를 찾아내야 합니다. 인간으로서 같은 인간에게 느끼는, 신비주의에 가까운 근본적인 유대감을 받아들일 필요가 있습니다. 그것은 아무리 끔찍한 일을 저지른 사람일지라도 그도 인간이며, 우리도 그 사람의 입장이 될 수 있다는 사실을 받아들인다는 뜻입니다. 이는 결함이 있는 부모님을 수용한다는 의미지만, 부모님의 잘못 자체를 수용하는 것과는 다릅니다.

_____ 자신이 원가족과 시간을 보낼 때 어떤 경험을 했는지 생각해보세요. 방금 읽은 내용들을 유념한다면, 가족과의 유대감을 높이기 위해 앞으로 어떤 일을 할 수 있을까요? 어떻게 가족 구성원들을 있는 모습 그대로 받아들일 수 있을까요? 그렇게 된다면 자신은 무엇을 얻게 될까요?

동의가
아닌 존중

침묵은 금입니다. 경청은 침묵을 수반하며 다른 사람이
무슨 말을 하는지, 그가 어떤 사람인지 이해하려는 적극
적인 노력이 필요합니다. 경청은 선물입니다. 경청할 때
필요한 것은 동의가 아닙니다. 존중입니다.

_____ 오늘 어려운 대화를 나눠야 하는 순간이 온다면
최선을 다해 경청하려고 노력해보세요. 말을 끝까지 듣
지 않고 끼어들거나, 침묵을 견디지 못해 아무 말이나
하고 싶은 충동을 억눌러보세요. 대신 다른 사람이 하는

말을 더 오래 듣고, 더 깊이 생각하세요. 이런 의식적인 경청 행위가 자신이 듣는 내용과, 듣는 방식에 어떤 영향을 미치는지 주목해보세요.

자기
목소리

알아차림을 어떻게 규정하는지는 다를 수 있지만, 일반적
으로 모든 사람들은 자기 목소리에 귀를 기울임으로써 유
익을 얻을 수 있습니다. 자신의 목소리를 듣지 않는 사람
은 불만족스러운 직업과 불행한 결혼생활의 굴레에 갇히
고, 말도 안 되는 원가족의 규칙에 따라 살아갑니다. 반면
자기 목소리에 귀를 기울이는 사람은 직업을 바꾸고, 결
혼 생활을 바람직한 방향으로 개선하거나, 그럴 수 없다
면 고통스러운 관계를 정리합니다. 나이 든 부모님의 의
견에 도전하기도 합니다. 상황이 잘못된 방향으로 흘러가
고 있다는 것을 스스로 깨달았기 때문입니다.

어떤 사람에게는 내면의 목소리를 듣는 일이 몇 분 간 자기 자신에게 집중하는 간단한 일이지만, 수개월 간 심리 치료를 받으며 고군분투해야 할 만큼 어려움을 겪는 사람도 있습니다. 어떤 면에서는 자아 수용의 과정과 유사합니다.

_____오늘은 당신 내면의 목소리에 주목하세요. 혹시 외부에서 받아들인 관념과 권위에 맞춰 사느라 애써 무시해온 것들을 얘기하고 있지는 않나요? 어떻게 해야 진실한 내면의 목소리에 자신을 맞춰갈 수 있을까요?

넘어짐

성공으로 가는 길에는 좌절이 있기 마련입니다. 아기가 걸음마를 배우는 과정을 생각해보세요. 일어서서 걷는 데 성공하기까지 수없이 많은 넘어짐이 있습니다. 우리가 처음 걸음마를 시도하는 아기에게 완벽한 모습을 기대하지 않듯이 자신에게도 그런 기대를 해서는 안 됩니다.

그리고 때로는 '넘어짐'이 꽤 유용합니다. 계획의 어떤 부분을 수정해야 할지 보여주기 때문입니다. 몇 번 미끄러졌다 해도 포기하지 않는 이상 실패했다고 규정할 수는 없습니다.

_____ 자신의 과거에서 실패라는 개념을 없앤다면 같은 과거가 조금 다르게 보이지 않을까요? 당시에는 실패로 보였던 사건이 시간이 지나고 보니 사소한 실수였을 뿐이고 오히려 배움을 얻었다고 느꼈던 적은 없나요? 과거에 자신이 뭔가를 '잘못'했거나 실수했던 일을 떠올려 보세요. 자신의 잘못에 초점을 맞추지 않고 그것을 통해 얻은 교훈에 집중한다면 실수한 경험을 다른 관점으로 바라볼 수 있지 않을까요?

자아감

인간은 기본적으로 개인으로서, 그리고 타자와 연결된 존재로서 두 가지 의무를 지닙니다. 건강한 개인은 가족이나 연인처럼 가까운 관계 안에서 개인과 관계 두 가지 측면을 모두 만족시키는 방향으로 균형을 잡을 수 있습니다. 건강한 사람은 자아감을 잃지 않고도 친밀한 관계를 유지하고, 관계를 끊지 않고도 서로 떨어져 있는 방법을 압니다.

_____ 최근에 배우자나 연인을 위해 자신의 자아감을

타협했다고 느낀 적이 있는지 생각해보세요. 그리고 다르게 행동할 수는 없었을지 생각해보세요. 이런 경험이 쌓이면 분노가 생길 수 있다는 점을 기억하세요. 오늘은 배우자와의 관계를 위해 자신의 자아감을 타협하지 않겠다고, 나다움을 잃지 않으면서 친밀한 관계를 유지하기 위해 노력하겠다고 자신에게 약속하세요.

이미
이룬 것처럼

많은 사람들이 변화는 내면에서 외면으로 일어난다고 믿습니다. 즉, 생각이나 감정과 같은 내면의 변화가 일어나면 행동의 변화가 뒤따를 것이라는 믿음입니다. 아마도 사실일 것입니다. 하지만 동시에, 외면의 변화가 내면의 변화를 이끌어낸다는 말도 사실일 수 있습니다. "뭔가를 원한다면 이미 이룬 것처럼 행동하라"는 말이 있습니다. 때로는 행동이 먼저 나타나고, 통찰이나 이해가 뒤따르기도 합니다.

_____ 당신은 원하는 삶을 창조하기 위해 행동하고 있나요? 보다 나은 삶을 위해 습관화하고 싶은 작은 변화에는 무엇이 있을까요? 당신이 꿈꾸는 내일에 한걸음 다가가기 위해 오늘 실천할 수 있는 한두 가지 작은 변화를 생각해낼 수 있나요?

기억
교정하기

가끔씩 현재의 삶이 불행하게 느껴지는 이유는 과거의 기억이 왜곡됐기 때문일지도 모릅니다. 이런 경우, 현재에 만족할 수 있는 유일한 방법은 과거의 기억을 보다 정확하게 교정하는 것입니다. 삶이 우리를 올바르게 인도하기 위해서는 자신의 역사를 최대한 편견 없이, 공정하고, 냉정하게 기억해야 합니다. 자신의 과거를 신중하게 선별하는 것이 아주 중요합니다.

_____ 과거의 힘들었던 기억을 떠올려보세요. 가장 나

쁜 기억일 필요는 없습니다. 그냥 유쾌하지 않은 기억을 떠올리면 됩니다. 그때 일어났던 일에 대해 좀 더 객관적으로 생각할 수 있는 방법은 없을까요? 지금은 후회하고 있는 자신의 행동을 조금 너그럽게 바라봐주는 것이 도움이 될 수 있습니다. 이 과정을 통해 과거의 실수나 고통스러운 경험이 현재와 미래의 삶을 규정지을 필요는 없다는 사실을 확인하세요.

진정한
보상

궁극적으로 인간의 행위에 대한 최고의 대가는 외부적인 보상이나 처벌, 돈, 쾌락, 고통의 면제가 아닙니다. 심지어 내세에 대한 보장도 최고의 보상은 될 수 없을지도 모릅니다. 진정한 보상은 경주에서 이기는 것이든, 다른 사람의 생명을 구하는 것이든, 목표를 달성하기 위해 자신의 모든 것을 쏟아붓는 과정 자체에서 오는지도 모릅니다. 목표는 상대적이고, 중요한 것은 목표를 향한 고군분투입니다.

_____ 최근에 씨름했거나, 혹은 지금도 씨름 중인 문제가 있다면 지금 떠올려보세요. 결과에 관계없이 문제를 극복하기 위한 자신의 투지에서 어떤 만족감을 느낄 수 있나요?

걱정 시간

날마다 조금씩 일정이 달라질 수는 있지만 일어나는 시간, 출근하는 시간, 점심 먹는 시간 등은 미리 정해놓는 경우가 많습니다. 이와 마찬가지로 정해진 시간 동안 자신이 집중하고 싶은 일에 마음을 두는 훈련은 중요합니다. 정해진 시간에 정해진 일을 하도록 습관을 들이는 것과 똑같은 방법으로 뭔가를 걱정하거나, 집착하는 시간을 미리 계획해두는 일도 충분히 가능합니다. 그러면 쌓여 있는 문제들(걱정, 두려움, 분노, 슬픔, 강박관념 등, 어떤 단어를 대입해도 상관없습니다.)에 집중할 시간을 따로 마련해뒀다는 생각에 안심하고 나머지 시간 동안 하루를 즐길 수 있는 자유를 얻습니다. 나중에 고민할 시간이 있다는 사실을 상기시켜 지금 떠오르는 걱정과 잡생각을 몰아낼 수 있도록 '걱정' 시간을 잘 보이는 곳에 메모해두는 방법도 있습니다.

_____ 당신은 하루 중 15분을 '걱정 시간'으로 떼어놓고 싶을지도 모릅니다. 그렇다면 자신에게 이렇게 약속하세요. '나는 오늘 하루를 즐기기로 했기 때문에 내가 정해놓은 시간이 될 때까지 걱정은 미뤄두겠습니다.'

규칙과
협상

가정의 리더인 부모라면 가정은 부모의 책임 아래 있을 때 잘 돌아간다는 명백한 사실을 받아들이고 있을 것입니다. 올바른 리더는 어른들이 규칙을 만들고, 아이들은 그 규칙을 따라야 한다는 것을 압니다. 부모는 협상이 가능한 규칙과 협상 불가능한 규칙을 적절히 조합해서 가정을 이끌어갑니다. 협상이 가능한 규칙이 무엇이고, 협상 불가능한 규칙이 무엇인지 결정하는 권한은 부모에게 있습니다. 어른들은 협상이 불가능한 문제에 대해 아주 구체적인 규칙을 설정하고, 아이들에게 보상과 대가를 일관성 있게 제공해야 할 책임이 있습니다. 적절한 타이밍에 아이들에게 규칙이 무엇인지 말해주고, 규칙을 이해하고 있는지 확인하는 일도 빼먹지 말아야 합니다.

_____ 당신의 가정은 얼마나 명확한 규칙을 갖고 있나요? 오늘 분명히 할 수 있는 규칙은 무엇이 있을까요? 당신은 이따금씩 아이들이 규칙을 만드는 데에 참여하도록 자연스럽게 유도할 수 있나요? 아이들에게 이런 식으로 권한을 주면 어떤 유익을 얻을 수 있을까요?

관계의
상호성

모든 상호작용은 쌍방향으로 이루어집니다. 두 사람 이상이 대화하거나 교류할 때는 자신이 인지하든, 인지하지 못하든 서로 많은 영향을 주고받게 됩니다. 우리는 대부분 그 영향력을 충분히 인지하지 못합니다. 보다 열린 태도로 다른 사람들과 연결되는 방법을 배우기 위해서는 관계의 상호성을 깊이 이해하는 것이 아주 중요합니다.

_____ 오늘은 자신이 다른 사람들과 어떻게 상호작용하는지 유심히 관찰해보세요. (사소한 것이라도) 다른 사

람이 자신에게(혹은 자신이 다른 사람에게) 영향을 미친다는 사실을 인식할 수 있나요? 유난히 상호작용이 원활하다고 느낄 때도 있고, 아주 잘못된 방향으로 가버렸다고 느껴질 때도 있습니다. 그럴 때 당신의 감정과 행동은 어떻게 달라지나요?

위기의
의미

어떤 위기를 겪은 후에 자기 자신 그리고 다른 사람들과
더욱 긴밀한 관계를 맺고, 위기에서 겪은 일과 그 의미를
깊이 이해할 수 있다면, 그는 위기의 결과로 더욱 성장하
고 번성할 수 있습니다.

_____ 인생의 위기라고 느꼈던 최근, 혹은 과거의 경
험에 대해 생각해봅시다. 당신은 위기를 겪은 후 어떻게
성숙해졌나요? 좋은 방향으로 변화한 부분이 있나요?
그런 경험을 기억해내보세요.

위기에 잘 대처한 자신의 모습은 충분히 자랑스럽게 여겨도 좋습니다.

'나는 오늘 하루를 즐기기로 했기 때문에

내가 정해놓은 시간이 될 때까지

걱정은 미뤄두겠습니다.'

'바닐라 맛'
성격

대부분의 사람들은 이상적인 배우자, 자녀, 친구를 묘사
해보라는 요청을 받으면 중간중간 '～면서도'라는 표현을
끼워 넣어 대답하곤 합니다. 우리는 즉흥적이'면서도' 책
임감 있고, 섬세하'면서도' 결단력 있는 사람을 원합니다.
기질의 관점에서 볼 때, 이렇게 사용되는 '～면서도'라는
표현은 어떤 기질적 특성에서 부정적은 측면은 빼버리고
긍정적인 면만 골라내려는 시도라고 볼 수 있습니다. 현
실 세계에서 그런 인물을 찾기란 매우 어렵습니다.(물론
지금 당신 곁에 있는 사람들은 예외입니다.) 뛰어난 사교성
을 예로 들면, 교우 관계에서 훌륭한 장점이 될 수 있겠지

만 어느 정도의 '의존성'과 '상대를 필요로 하는 특성'이 내재되어 있는 경우도 드물지 않게 나타납니다. 부정적인 면을 바꾸려는 노력은 그 기질과 관련된 긍정적인 특성도 감소시킬 위험성이 있습니다. 아이러니하게도 인격을 다듬고자 부단히 노력한 결과로 기질의 다양한 측면이 매우 평균적인 수준으로 맞춰져 누구나 무난하게 좋아하는 '바닐라 맛' 성격이 될 수도 있습니다.

_____ 가까운 친구나 가족 세 명을 떠올리고 기본적인 형태의 표를 그려서 세로축에 세 사람의 이름을 하나씩 나열하세요. 그다음엔 세 개의 가로줄을 길게 그려 넣으세요. 하나는 긍정적인 특성, 다른 하나는 부정적인 특성, 나머지 하나는 당신이 그 사람의 특징에 대해 질문받았을 때 머릿속에 즉시 떠오르는 한 단어, 즉 그 사람의 전체적인 특성을 묘사할 수 있는 형용사를 써넣으세요. 세 사람에 해당하는 표의 빈 공간을 모두 채워서 완성하세요. 이제는 부정적인 특성이라고 생각했던 부분이 없어진다면 그 사람에 대한 당신의 느낌이 어떻게 달

라질지 한번 생각해보세요. 그 사람은 어떻게 달라질까요? 그 사람이 지금처럼 가깝게 느껴질까요? 당신과 그의 관계는 어떻게 변할까요?

통제의
지점

인생의 많은 요소가 우리의 통제를 벗어나 있습니다. 하지만 통제할 수 있는 자유도 주어집니다. 우리는 점심을 어떻게 먹을지, 무엇에 정신을 집중할지, 세상을 어떻게 이해할지 선택할 수 있습니다. 또한 이런 자유를 행사함으로써 우리 삶에 변화를 창조할 수 있습니다.

_____ 자신에게 이렇게 말해보세요. '나는 매일 크고 작은 수십 가지 결정을 내립니다. 오늘은 결정을 내릴 때마다 주의를 기울여 깊이 생각하는 훈련을 하겠습니

다. 그저 흘러가는 대로 하루를 살아가지 않기 위해 최선을 다해 노력하겠습니다. 그래서 하루를 마무리하는 시간이 오면, 매 순간 분명한 목적과 의미를 인지하고 살 때 똑같은 하루가 어떻게 다르게 느껴지는지 되돌아보겠습니다.'

브레인
푸드

건강한 음식을 먹는 것은 건강의 기본 요소입니다. 정크 푸드junk food 대신 건강한 음식을 선택하면 두뇌 활동이 활발해지고, 감정적인 동요가 줄어들고, 신체의 활력을 유지하는 데 도움이 됩니다. 수프와 샐러드보다는 햄버거와 감자튀김이 쉬운 선택입니다. 지방 함량이 높은 햄버거가 더 맛있게 느껴질 수 있고, 이동 중에 먹기도 편리하고 가격도 좀 더 저렴할 가능성이 많습니다. 아마도 감자칩 한 봉지가 과일 한 조각보다 유혹적으로 느껴질 것입니다. 패스트푸드 사업자들은 우리가 몸에 좋은 음식을 포기하고 자신들이 판매하는 식품을 선택하도록 만드는 방법을 잘 알고 있습니다. 불행히도 고지방, 고당분 음식들은 대체로 신체의 활력을 떨어뜨리고 '맑은' 정신을 유지하는 데 방해가 됩니다. 그러므로 음식을 현명하게 선택해야 합니다. 정크 푸드 대신 두뇌 활동에 도움을 주는 브레인 푸드brain food를 선택하세요.

_____ 오늘 하루 동안 자신이 먹은 음식을 정직하게 평가해보세요. 주어진 조건 안에서 가장 건강한 선택을 하고 있나요? 일주일 간 음식 일기를 쓰는 방법도 있습니다. 일주일 뒤에 자신이 평소에 섭취하는 음식이 얼마나 건강한지 스스로 평가해보세요. 결과에 만족하지 못한다면 보다 건강한 음식을 섭취하기 위해 식습관을 조금씩 바꿔나가겠다고 다짐하고 자신에게 약속하세요.

기억 탐험

과거에 대한 탐구는 개인적인 차원에서 일어나는 경우가 많습니다. 오랜만에 고향집에 내려가 잡동사니가 담긴 커다란 상자를 열고 오래된 일기장을 읽어볼 수도 있고, 자서전을 써볼 수도 있습니다. 어떤 방식이든 과거로의 탐험은 복잡하고 수수께끼 같은 자신의 기억을 마주해야 합니다. 과거를 탐색하면서 자신의 기억과 다른 사실을 발견한다면 얼마나 기분이 이상할까요! 특정한 기억은 또 어찌나 놀라울 만큼 정확한지요! 중요한 사건의 한 부분이나 디테일이 기억나지 않을 때는 얼마나 답답한지 모릅니다! 기억의 변형과 불연속성은 과거를 파악하기 어렵게 만들 뿐 아니라 불안감을 야기할 수 있습니다. 또 과거의 나와 현재의 나 사이에서 다른 사람과 다툴 때만큼 격렬하고 고통스러운 논쟁이 벌어지기도 합니다.

_____ 가능하다면 오래된 수납장이나 상자를 뒤져 자신의 과거를 보여주는 구체적인 뭔가를 찾아보세요. 찾아낸 물건이 어떤 사람이나 사건에 얽힌 기억을 어떻게 자극하는지 생각해보세요. 그 물건 덕분에 떠오른 기억들이 이전의 기억과 일치하나요?

운명과
선택

운명은 한 사람의 인생에 '주어진' 한계와 재능이 어우러져 만들어내는 문양이라고 할 수 있습니다. 한계에 부딪히는 지점에서 우리의 창조성이 발현됩니다. 우리의 운명은 다른 것으로 상쇄할 수 있는 종류의 것이 아닙니다. 운명은 무효화하거나 다른 것으로 대체할 수 없습니다. 하지만 우리가 운명에 어떻게 대응할지, 우리에게 있는 재능을 어떻게 활용할지는 선택할 수 있습니다.

_____ 자신이 세운 목표를 실현하는 데 방해가 되는

장애물을 스스로 만들어내지는 않았는지 생각해보세요.
오늘 하루를 이런 장애물 중 하나에 용기 있게 직면하여
제대로 변화시키는 데 투자할 수 있을까요?

격려

부모가 자녀의 기운을 북돋아줄 때는 자녀의 노력을 칭찬
하고, 성취한 부분을 발견해 인정해줍니다. 특히 어떤 행
동이 부모를 기쁘게 하는지 분명하게 전달해야 합니다.
아이들은 미래에 대한 꿈이나 목표, 희망을 마음껏 말할
수 있도록 격려받아야 합니다. 자신이 중요하게 생각하는
것이 무엇인지 이야기할 수 있도록 격려해주세요. 자녀의
이야기는 부모의 마음을 아프게 할 가능성이 많습니다.
그럼에도 마음이 상할 위험을 감수하고 자녀가 자기 이야
기를 할 수 있도록 격려해주세요. 자녀는 부모의 가치관
과 삶의 목표를 거스르는 말을 할 것입니다. 우리는 상대

방의 이야기를 들을 때 자신의 생각을 드러내지 않을 필요가 있습니다. 경청은 동의와 같은 말이 아니라는 것을 기억하세요.

_____ 요즈음 자녀와 어떻게 대화하고 있나요? 자녀들이 당신이 원하는 만큼 마음을 열지 않는다면 그 이유가 무엇일까요?

오늘은 판단하는 태도를 내려놓고 자녀에게 다가가보세요. 자녀가 무엇을 소망하고, 어떤 생각을 하는지 귀 기울여 듣고, 충고하고 싶은 마음을 자제하려고 의식적으로 노력해보세요. 이런 대화 방식을 꾸준히 연습하면서 당신의 자녀가 어떻게 마음을 열기 시작하는지 주목해보세요.

수정하는
능력

의사소통이 관계의 기준이 되어야 한다는 생각은 잘못된
관념입니다. 연인이나 부부 사이에서 가장 중요한 것은
갈등이 생겼을 때 수정하는 능력입니다.

_____ 자신에게 솔직해져봅시다. 지난번 배우자와 의
견 충돌이 있었을 때 당신은 자기 관점을 증명하는 데
관심이 있었나요, 아니면 시시비비를 뛰어넘어 문제를
수정하는 데 관심을 두었나요? 오늘은 당신과 배우자가
문제를 잘 수습할 수 있는 방법을 생각하는 데 하루를

투자해보세요. 그리고 다음번 의견 충돌이 있을 때는 그 방법을 사용하겠다고 다짐하세요.

인간이
된다는 것

자신의 시각을 확장하려는 노력이 우리를 인간으로 만듭니다. 그것은 각 사람을 공동체와 연결시키는 결속력을 키우고, 우리보다 더 큰 우리를 만들고, 다양한 집단 간의 차이점을 극복하는 데 기여합니다. 인간이 된다는 것은 다양한 위치에, 각기 다른 형태로 흩어져 있는 자아를 한데 모아 자신이 누구인지에 대한 일관성 있는 설명을 만들어내려고 끊임없이 노력하는 것입니다.

_____ 시간을 내어 자신이 이 세계에서(직장, 가정, 그

외의 다양한 공동체) 가지는 다양한 정체성을 목록으로 정리해보세요. 스스로 인지하는 것보다 더 많은 정체성을 갖고 있다는 사실을 깨닫게 될지도 모릅니다. 자신의 다양한 정체성을 성공적으로 통합하는 방법과 정체성의 흡수, 동화를 향상시킬 수 있는 방법을 생각해보세요. 당신은 삶의 한 영역에서 힘을 얻어 다른 영역을 살아가는 데 사용할 수 있나요?

지금 즐길 수
있는 일

당신이 혹시 부모님, 선생님, 또래 친구들 등, 주변 사람들로부터 부정적인 이야기를 들으면서 자라왔을지라도, 그것을 자신에게 보다 유용한 방식으로 이야기하는 방법을 배울 수 있습니다. 이 방법을 배우면 기분이 좋아질 뿐 아니라, 인생의 여러 가지 활동, 인간관계, 목표 달성에 도움이 됩니다.

예를 들자면, 자기 자신에게 이렇게 말해보세요. "지금 내가 즐길 수 있는 일은 이것뿐이잖아?" 이 문장이 당신이 하고 있는 일을 어떻게 변화시키는지, 당신의 기분은 어떻게 달라지는지 주목해보세요.

이 문장은 불쾌한 감정이 드는 문제나 불평거리에 신경을 쏟는 대신, 지금 이 순간에 즐길 수 있는 요소로 관심을 돌릴 수 있게 해줍니다. 최악의 상황에도 언제나 즐길 수 있는 뭔가는 존재하기 때문에 이 방법은 결코 현실과 모순되지 않을 것입니다. 또 온갖 짜증스러운 일들에 불평을 늘어놓는 내 안의 심술궂은 목소리와도 모순되지 않을 것입니다.

이 방법은 불평하는 목소리에 '하지만'이라고 말하며 반대하는 것이 아닙니다. 비판적인 목소리가 불평하는 바로 그 일에 '그리고'라고 말하며 동참하고, 그 경험의 다른 측면으로 관심을 돌려 즐길 수 있는 요소에 주목할 뿐입니다. 이 문장을 무의식에 새겨질 때까지 주문처럼 되뇌다보면 삶이 보다 즐겁고 유용한 방향으로 변화될 것입니다.

_____ 오늘 하루를 지내다 어느 시점에 지루하거나, 스트레스를 받거나, 불편한 마음이 들면 지금 이 순간 자신이 즐길 수 있는 다른 뭔가가 있는지 자신에게 물어

보세요. 당장 다른 일을 할 수 없더라도 적어도 지금 하고 있는 일의 어느 한 부분은 즐길 수 있는 요소가 있지 않을까요?

두 개의
소금통

긍정적인 말은 좋은 관계를 쌓는 중요한 수단입니다. 소
금통이 소금 대신, "예스!"에 해당하는 모든 종류의 말로
채워져 있다고 상상해보세요. (예를 들면 이런 것들: "좋은
지적이군요", "알겠습니다", "네", "일리 있는 말이네요, 좀
더 자세히 설명해주세요", "설득력 있는 이야기입니다", "그
런 식으론 생각 못 해봤네요", "당신에게 그렇게 중요한 문제
라면 함께 방법을 찾아봅시다", "당신의 심정이 어떤지, 당신
에게 무엇이 필요한지 말해주세요." 등등) 다른 사람과 상호
작용을 할 때 이 소금통을 사용해보세요. 당신은 순식간
에 대화의 '고수'가 될 것입니다.

반대로, 모든 종류의 "노!"에 해당되는 말로 채워진 소금통을 상상해보세요. ("말도 안 되는 소리!", "안 됩니다", "어리석은 생각이에요", "당신 참 어리석군요", "일고의 가치도 없는 이야기를 하는군요", "앞뒤가 맞는 얘기를 하세요!", "입 다물어요!", "그만 얘기해요", "바보 같군요", "세상 물정 모르는 소리 마세요", "어떻게 그렇게 무신경할 수 있죠?", "당신은 내 생각은 전혀 안 하는 것 같네요", "어쩜 그렇게 자기밖에 모르죠." 등등) 다른 사람과 상호작용할 때 이 소금통을 사용해보세요. 당신의 대화는 순식간에 '재앙'이 될 것입니다.

물론 누구나 두 번째 소금통을 사용할 때가 있습니다. 하지만 이런 재앙이 필요 이상으로 자주 일어납니다. 대화고수의 소금통을 사용하면 긍정적인 감정, 따뜻함, 서로위해주는 마음, 애정, 재미, 유머, 이해, 공감이 훨씬 많이 나타납니다. 대화의 고수들은 분노, 적대감, 모욕, 혐오, 경멸, 빈정거림, 슬픔, 실망, 과소평가, 의견충돌, 정서적 위축을 야기하는 "노no"의 표현보다는 다양한 방식의 "예스yes"를 훨씬 자주 사용합니다.

_____ 오늘 하루 동안 "노" 소금통으로 손을 뻗기 전에 "예스" 소금통 쪽으로 먼저 향하도록 의식적인 노력을 기울이세요. 이 전략이 당신의 일상생활에서 일어나는 상호작용들에 어떤 차이를 만들어내는지 주목해보세요. 타인에 대해, 또 자기 자신에 대해 전보다 긍정적인 느낌을 갖게 될 것입니다. 일상에 긍정적인 기운을 불어넣을 수 있다는 것은 기분 좋은 일입니다.

나이 들기
전략

감사는 근본적으로 자신의 마음 상태를 부정적인 유인가*
에서 긍정적인 유인가로 전환하는 것과 관련되어 있기 때
문에, 쉽게 접근할 수 있는 좋은 나이 들기 전략이라고 할
수 있습니다. 인생의 어려운 과제에 자연스럽게 감사로
반응하기 위해서는 반드시 반복적인 훈련이 필요합니다.
감사의 강점 중 하나는 감사하는 마음을 창조하는 데 어
떤 물리적인 행동도 요구되지 않는다는 점입니다. 손가락

---

* 유인가, 혹은 유의성(Valence): 심리학이나 교육학에서 사용되는 용어로, 어떤 행동
을 유발시키는 마음의 끌림을 의미한다. 쉽게 말하면 대상에 대한 매력, 혹은 호감
도라고 할 수 있다. 긍정적인 유인가란 사물이나 현상이 지니는 끄는 힘, 심리적 매
력을 뜻하며, 부정적인 유인가란 반대로 꺼려지는, 불쾌감을 주는 정도를 말한다.

하나 까딱할 필요 없이 전부 머릿속에서 할 수 있는 일입니다.

이를 증명하기 위해 잠시 의자에 기대 앉아보세요. 그리고 눈을 감으세요. 지난주에 있었던 일들 중에서 가장 좋았던 기억을 떠올려보세요. 잠시 동안 그 사건과 관련된 긍정적인 감정에 마음을 집중하세요. 당신은 그 일에 감사하는 감정을 느끼나요? 만약 그렇다면 자신이 감사를 느끼는 이유를 찬찬히 곱씹어보세요. 이렇게 몇 분 간 간단하게 감사 훈련을 하는 것만으로 그 사건뿐 아니라 다른 일에 대해서도 자신의 정서가 전반적으로 긍정적인 방향으로 바뀌는 것을 느낄 것입니다. '산다는 것은 멋진 일이야,' 또는 '좋은 일들이 일어나고 있어'라고 느낄 수 있습니다.

_____ 감사는 마음의 상태이며, 오늘 나는 감사하는 마음을 연습할 것입니다. 오늘 하루의 마지막에 감사한 일들을 조용히 되돌아보는 시간을 갖겠다고 자신과 약

속하세요. 인생에 지속적인 영향을 미치는 인간관계와 사건들에 감사하는 것은 물론, 오늘 있었던 일들 중에서 감사할 수 있는 일을 한두 가지 떠올리고 마음 깊이 감사를 느끼려고 노력해보세요.

구체적으로
분명하게

자신의 목표에 대해 생각하는 것은 생각처럼 쉬운 일이 아닐 수 있습니다. 특히 과거에 목표를 설정했다가 실망했던 경험들이 쌓였다면 뭔가를 이루고자 하는 마음 자체를 스스로 허용하기 어려울지도 모릅니다. 목표가 있더라도 '삶이 지금보다 나아지길 원합니다' 같은 거시적이고 일반적인 목표에 머물러, 자신이 실천할 수 있는 구체적인 목표를 설정하는 데 어려움을 겪는 경우도 있습니다.

목표가 구체적이고 분명할수록 목표를 실제로 성취할 가능성이 높아집니다. 목표는 단기 목표와 장기 목표로 구분할 수 있습니다. 단기 목표란 앞으로 몇 달 간 노력해야 하는 목표입니다. 장기 목표는 수년이 걸릴 수도 있습니다. 꿈도 중요합니다. 목표란 힘들더라도 분명히 달성 가능한 것을 말합니다. 꿈은 어쩌면 불가능할지도 모르지만 여전히 가슴에 품고 소망하는 바입니다. 아르바이트를 구하는 일은 어려움이 있을 수 있지만 앞으로 몇 달 안에는 달성할 수 있는 단기 목표입니다. 학교를 졸업하는 것은 몇 년 간 공부를 해야 하므로 대체로 장기 목표에 들어갈 것입니다. 우주 비행사가 되는 것은 꿈이라고 할 수 있습니다. 성인이 자신의 전공이나 경력이 우주 비행사와 상당한 거리가 있는데도, 혹은 우주 비행사로서 치명적인 질병이 있는데도 불구하고 우주 비행사를 꿈꾼다면 이루어질 가능성은 크지 않을 것입니다. 비록 비현실적인 꿈일지라도 꿈이 있다는 것은 좋은 것입니다. 꿈은 희망을 갖게 해주고, 꿈이 실현될 수 있는 희망은 언제나 존재하기 때문입니다.

_____ 잠시 자신의 장기 목표들에 대해 생각해보세요.

그 목표에 다가가기 위해 오늘, 혹은 이번 주에 실천할 수 있는 간단한 일에는 무엇이 있을까요?

이번에는 자신의 소망과 꿈에 대해 잠시 생각해보세요. 도달하기 어렵더라도 꿈을 향해 노력하는 과정 자체가 삶에 활력을 불어넣을 수 있습니다.

돌파구

모순적인 말로 들리겠지만, 때로는 수용이 변화로 가는 최선의 길입니다. 변화를 위해 당신이 할 수 있는 모든 일을 다 했다면, 혹은 변화를 위한 노력이 오히려 더 많은 문제를 야기하는 것 같다면, 최선의 방법은 그만 포기하고 수용하는 것입니다. 가끔은 수용이 변화를 향한 돌파구로 이어지기도 합니다. 그렇지 않더라도 수용은 마음에 평화를 가져와 문제의식이 녹아 사라지게 만듭니다.

_____ 당신 인생의 여러 어려움 가운데 장기적으로는

받아들일 수 있을 것 같다고 여겨지는 문제들이 있나요? 자신의 한계에 대한 정직한 평가가 예상하지 못했던 새로운 가능성을 열어줄 수 있을까요?

한정성의
잠재력

우리는 창밖의 나무나 깔깔대며 들판을 뛰어다니는 아이처럼 살아 있는 뭔가를 볼 때마다 생명이 진행되는 과정을 봅니다. 잠재적인 가능성이 현실화되는 데는 자연스러운 물리적 과정이 있습니다. 지금 일어나는 일은 방금 전까지 잠재적인 가능성이었습니다. 하지만 일어난 사건들이 확정된 것은 아닙니다. 여러 가능성이 존재하고, 이런 가능성은 특정한 사람, 특수한 삶의 상황과 맥락에 한정되어 있습니다. 하지만 바로 그 한정성이 막대한 창조적인 잠재력을 갖습니다.

걷거나 뛰는 행동을 생각해보세요. 걷고 있을 때 당신의 몸은 다음 걸음을 위해 앞으로 기울어집니다. 뛸 때는 더 심합니다. 이것은 언제나 다음 걸음을 향해 '기울어져' 있는 생명의 과정을 암시합니다. 당신이 숨을 들이마실 때 당신의 몸은 숨을 내뱉을 준비를 하고 있습니다. 숨을 들이마시는 과정은 앞으로 숨을 내뱉을 것을 전제하고 있습니다. 마찬가지로 숨을 내뱉는 과정은 앞으로 숨을 들이마실 것을 전제합니다.

우리가 이 과정을 멈추려 든다면 어떤 일이 생길까요? 이를 실험하기 위해 숨을 내뱉은 다음 들이마시지 말고 참아보세요. 시간이 흐를수록 점점 더 심해지는 불편한 느낌이 이 실험의 결과입니다. (네, 이제 숨을 들이마셔도 됩니다!)

_____ 오늘 하루 동안 앞으로 다가올 일을 암시하는 순환 과정에 주의를 기울여보세요. 매 순간이 다음 순간으로 '기울어지는' 물리적 흐름을 인지하면서, 매 순간

을 있는 그대로 음미하는 방법을 배울 수 있을까요? 잠재적인 가능성이 현실화되는 연속적인 과정 속에서 창조적인 영감을 얻을 수 있는 지점이 있나요?

트라우마

트라우마의 치유는 트라우마가 기억의 일탈이라는 사실에서 시작해야 합니다. 트라우마는 우리를 과거의 사건 속에 꼼짝 못하게 가둬두고 우리의 현실 인식 전체를 지배합니다. 과거의 사건은 항상 그곳에 존재하며, 우리의 일상 속에 조금이라도 연상할 수 있는 여지가 있으면 그 틈을 비집고 들어오려고 기회를 엿보고 있습니다.

충격적인 경험으로 인해 공포의 도가니에 갇히면 우리는 마치 흥분해서 같은 동작을 반복하는 미치광이가 조종하는 끈 달린 꼭두각시 인형처럼 춤을 추게 됩니다. 우리의 생각, 선택, 가치판단, 행동, 심지어 신체의 움직임까지도 의식적인 사고가 아니라 알 수 없는 불길한 내용들을 추구하는 내면의 폭군의 지배를 받습니다. 내면의 폭군이 우리에게 보내는 메시지는 비상식적이고 부조리하며, 지금 주변에서 일어나는 사건들과 순간순간의 인식과는 동떨어져 있습니다.

자기 정체성에 대한 인식을 결정하는 장기 기억 저장소는 분열, 왜곡되어 있으며 때때로 두려움과 혼란을 야기합니다. 이에 따른 자연스러운 결과로, 일상생활 속 사건들에 무서울 정도로 강렬한 감정으로 반응하게 됩니다. 마음을 깊숙이 들여다보면 자신의 내면생활이 말도 안 된다는 사실을 스스로 인지하고 있으며, 내면 전체에 깊은 수치심이 깔려 있다는 것을 알 수 있습니다. 우리는 안전함을 추구하며 자아를 점점 더 작게 위축시키다 더 이상 자기 공간이라고 부를 수 있는 것이 전혀 남아 있지 않을 때까지 움츠러들어버린 자신의 모습을 발견합니다. 그럼에도 세상은 여전히 두려운 메시지를 보내며 우리를 공격할 것만 같습니다.

_____ 살면서 트라우마를 겪은 적이 있다면 지금 그 트라우마에 대해 생각해보는 시간을 가지세요. 트라우마가 현재의 삶을 어떻게 위축시켰나요? 당신은 트라우마에 맞서 싸우고 현재의 안전한 삶을 누리기 위해 무엇이든 노력해볼 마음가짐이 되어 있나요?

아이들
마음 열기

아이들은 가족 중 누군가가 자신을 진정으로 이해하고 싶
어 한다고 느끼고, 생각이 다르더라도 존중받는다고 느끼
면, 처음에는 갈등과 실망을 겪을지라도 결국 자기 자신
을 드러내 보이게 될 것입니다.

_____ 자녀나 다른 가족 구성원이 자신들의 내면을 당
신에게 온전히 드러내게 하려면 어떻게 해야 할까요? 혹
시 당신이 듣기 어려워하는 이야기가 있나요? 혹시 자녀
들이 진정한 자아를 당신에게 드러내지 못하도록 무의

식적으로 미묘한 신호를 보내고 있지는 않나요? 만약 그렇다면, 그런 행동을 멈추고 열린 태도를 갖기 위해 자신은 어떤 노력을 할 수 있을까요?

관계의
시간 비율

사랑은 우리가 매일 내리는 결정이라는 말이 있습니다.
우리는 말과 행동으로 사랑을 증명합니다. 예를 들어 꾸
준히 연락을 주고받는 행위는 함께 시간을 보내고 상호작
용하겠다는 선택입니다. 건강한 관계로 연결된 개인들은
친밀한 관계를 유지하면서도 각자 다른 활동을 할 때 떨
어져 있는 것을 어려워하지 않습니다. 부부나 연인도 각
자 개인적인 활동을 하고 돌아왔을 때 서로 다른 경험을
바탕으로 더 많은 대화를 나눌 수 있습니다.

_____ 당신은 파트너와 함께 있는 시간과 떨어져 있는 시간의 비율이 적당하다고 생각하나요? 나만의 열정과 관심사가 있는 것이 오히려 상대에게 더 좋은 파트너가 될 수 있는 방법은 아닐까요?

패턴은
변한다

삶의 변화를 꾀하는 방법 중 하나는 문제를 고정된 사물
이 아닌 일종의 패턴으로 여기는 것입니다. 이런 관점은
문제를 바꿀 수 없는 고정된 것으로 보지 않고, 어떤 과정
중에 있는 것으로 생각하게 만들어 변화를 촉진하는 데
도움을 줄 수 있습니다. 사물은 변화하기가 훨씬 어렵지
만, 패턴은 시간이 흐르면서 어느 시점에든 변화할 수 있
습니다.

_____ 오늘 발생한 문제의 패턴을 유추해보고, 이런

시각이 당신이 문제를 다루는 방식을 어떻게 변화시키는지 생각해보세요. 문제를 고정된 사물이 아니라 패턴으로 바라보는 방법이 그 문제 해결에 어떤 변화를 일으킬 수 있나요?

의미
바꾸기

우리는 '잠자는 개를 건드리지 마라', 또는 '과거는 과거
일 뿐이다'라는 이야기를 자주 듣습니다. 첫 번째 말은 잠
자고 있는 개가 가장 곤란한 순간에 깨어날지도 모른다는
의미로 해석해볼 수 있습니다. 그러니 당신이 잘 다룰 수
있을 때 개를 깨워서 길들이는 편이 낫습니다.

두 번째 말에 대해서는 이렇게 말하고 싶습니다. 과거
는 과거일 뿐이라면 우리는 과거를 의식하지 않아도 될
것입니다. 하지만 과거는 끊임없이 현재의 의미에 영향
을 미칩니다. 그러니 이보다는 현재가 과거의 의미에 영
향을 미치도록 하는 편이 훨씬 낫습니다.

그렇습니다. 과거는 현재 속에서 여전히 살아 있습니다. 그렇기 때문에 오히려 과거는 현재의 영향을 받아 수정되거나, 더욱 깊이 새겨지거나, 새로운 의미가 부여될 수 있습니다. 우리가 과거에 일어난 사건을 바꿀 수는 없지만, 부여하는 의미는 바꿀 수 있습니다. 과거의 의미를 바꿈으로써 과거의 사건이 현재에 미치는 영향을 바꿀 수 있습니다. 이런 변화를 통해 과거에 갇힌 자신을 해방시키고, 과거에 대한 인식을 새롭게 창조할 수 있습니다. 과거에 대한 새로운 인식은 현재와 미래의 인간관계에 새로운 희망과 변화를 일으킬 것입니다.

_____ 과거의 사건을 하나 떠올리고, 그 사건이 현재에 개입하는 방식을 생각해보세요. 그 사건을 관점을 바꿔 조금만 달리 생각해볼 수는 없을까요? 작은 관점의 변화만으로도 과거의 사건을 떠올릴 때 경험하는 감정이 달라질 수 있습니다. 이런 변화가 당신이 현재를 인식하는 방식에 영향을 미치게 될 것입니다.

자문

자기 자신과 자녀들에게 매 순간 뭔가를 하라고 터무니없이 많은 요구를 하고 있지 않나요. 그래야 돌아가는 오늘날의 삶에서, 균형을 찾는다는 것이 말처럼 쉬운 일은 아닐지도 모릅니다. 하지만 자신이 어떤 것을 할 때 "이것이 내 인생의 목표에 기여하는 일인가?"라고 질문한다면 그 일을 해야 할지, 하지 말아야 할지 결정하는 데 도움이 될 수 있습니다.

_____ 오늘은 자기가 자신에게 맡긴 일과 책임을 가만

히 생각해보세요. 당신은 각각의 활동을 통해 무엇을 얻나요? 그 활동이 당신의 궁극적인 목표에 어떻게 부합하나요?

웃어넘기기

트라우마를 극복하는 과정에서 얻는 유익들 가운데 가장 흥미로운 것은 자신을 무력화시켰던 고통스러운 증상들이 어떤 의미인지 깨닫게 된다는 점입니다. 뿐만 아니라 줄곧 부모님에게 물려받았다고 생각해왔던 자신의 여러 특성에 대해 새로운 통찰을 얻을 수 있습니다. 자신이 가진 특성들이 정확히 어떤 연유로 생겨난 것인지 그 정체를 파악하면 스스로를 공감과 이해의 시선으로 바라볼 수 있고, 더 나아가 자신의 부족함을 유머를 가지고 여유롭게 마주할 수 있게 됩니다. 과거를 후회하는 대신, 자신의 잘못과 단점을 연민이 섞인 웃음거리로 유쾌하게 날려버

릴 수 있는 지혜야말로 트라우마 치유의 궁극적인 선물이
될 것입니다.

_____ 스스로를 어떻게 대하고 있는지 생각해보세요.
자신을 너무 가혹하게 대하진 않았나요? 당신은 가끔씩
자신에게 쉼을 허락해줄 수 있나요? 오늘 하루만이라도
스스로를 너그럽게 대하고 자신의 부족한 행동에 연민
을 가지세요.

그대로
바라보기

가족의 변화는 자녀가 가정에 가져오는 독특한 선물들을 열린 마음으로 수용하는 것과 연관되어 있습니다. 각기 고유한 자녀들의 기질들은 기대하지 못했던 선물이자, 나눠준 적 없는 재능입니다. 아이들에게는 어디서 왔는지 모를 각자의 독특한 관심사가 있습니다. 마음을 열고 자녀들을 있는 모습 그대로 바라봐줄 용기를 낸다면 우리 가족은 변화될 수 있습니다.

_____ 당신의 자녀나 당신이 알고 있는 젊은이들을 떠

올려보세요. 그들에게 고쳤으면 하는 부분이 보일지라도 진정 그들을 있는 모습 그대로 열린 마음으로 받아들일 수 있나요? 오늘은 이런 문제에 집중해서 자녀나 젊은이들을 대할 때 그들과의 관계가 어떻게 달라지는지에 주목해보세요.

'나'로
시작하기

두 사람 다 화가 났을 때는 상대방을 비난하는 대화가 오가기 쉽습니다. "당신은 나를 정말 화나게 만드는군요." "어쩜 그렇게 이기적이죠." 그럴 때는 자신도 모르게 "너, 너, 너!"라는 말이 입 밖으로 튀어나옵니다.

　여기 간단하지만 효과적인 문제 해결법이 있습니다. '너' 대신에 '나'라는 단어로 문장을 시작하면 어조가 부드러워지고 공격적인 느낌이 완화됩니다. 거기다 '느끼다'라는 단어까지 덧붙이면 상대를 탓하지 않으면서 자신의 생각과 감정을 표현하는 데 큰 도움이 될 수 있습니다. 상대방에 대한 비난에서 자신의 경험에 대한 설명으로 대화의 초점을 이동시키는 것입니다. 비난은 상대가 자동적으로 방어적인 태도를 취하게 만들 뿐이지만, 상대의 이해를 구하며 자신의 경험을 설명할 때는 문제 해결에 가까워질 수 있습니다.

한 걸음 더 나아가서, 다음의 문장구조를 사용하면 대화가 싸움으로 번지는 것을 막고 논점을 명확히 할 수 있습니다. "당신이 (자신이 관찰한 상대의 행동) 할 때, 나는 (자신이 느끼는 감정) 느껴요." 이 구조는 당신을 화나게 한 것이 무엇이었으며, 그 결과 당신이 어떻게 느꼈는지를 정확하게 전달합니다. 이는 행동의 동기를 임의적으로 해석해서 나쁘게 규정하는 것 같은, 의사소통 과정에서 발생할 수 있는 여러 위험 요소를 피해갈 수 있게 해주고, 행동과 감정 자체에 초점을 맞춰 감정적으로 중립적인 논의를 이어갈 수 있게 도와줍니다.

_____ 다음번에 파트너나 친구에게 상처를 받거나 실망한 마음을 표현할 때는 '나' 문장을 사용해보고, 상대

가 평소보다 이해심 있는 태도로 반응하는지 주시해보
세요. "당신이 ——할 때, 나는 —— 느껴요"라고 말해보
세요.

단순한
결정

진정한 용기는 요란한 허세를 부리지 않고 조용하게 발휘
되는 경우가 많습니다. 때로는 하루씩, 한걸음씩 나아가
겠다는 단순한 결정이 진정한 용기일 때도 있습니다.

_____ 당신이 매일 하는 크고 작은 용기 있는 행동들
을 목록으로 만들어보세요. 자신이 일상 속에서 실천하
는 영웅적인 행동들을 수시로 상기할 수 있도록 그 목록
을 집 안에 걸어두세요.

결정이 망설여진다면
자신에게 이렇게 물으십시오.
"이것이 내 인생의 목표에
기여하는 일인가?"

휘말리지 말고
주도하라

혹시 주차장에서 자신의 자동차에 펑크가 난 것을 발견했더라도 짜증스러운 감정에 휘말리지 않도록 노력해보세요. 자신은 재수가 없고 인생은 불공평하다고 투덜대지 마세요. 그냥 타이어를 교체하세요. 그러면 문제는 해결될 것이고, 자신이 문제를 해결했다는 사실에 성취감을 느낄 수 있습니다. 자신이 환경이나 상황을 주도해야 합니다. 주도성이 핵심입니다. 감정에 관계없이 해야 할 일을 할 수 있다면, 목적의식에 집중할 수 있다면, 우리는 창조적인 삶을 살 수 있고 그 결과 스스로에게 긍정적인 인식을 갖게 됩니다.

_____ 언젠가 뭔가에 짜증이 났거나 작은 문제, 혹은 장애물을 만났던 순간을 떠올려보세요. 그 상황을 되돌아보면서 다르게 접근할 수 있는 방법은 없었을지 생각해보세요. 부정적인 감정에 빠져 투덜대는 대신 문제를 해결하는 데 관심을 둘 수는 없었을까요? 어떻게 하면 앞으로 며칠, 몇 주간 해결책에 집중하는 태도를 취할 수 있을까요?

댄스

우리가 다른 사람을 바꿀 수는 없지만 관계 안에서 자신이 대응하는 방식은 조정할 수 있습니다. 그것만으로 전체적인 관계의 역학에 중대한 변화가 생기는 경우가 많습니다. 기대되는 역할과 그에 대한 반응으로 이루어진 상호작용의 '댄스'에서 자신이 맡은 부분을 달리 춘다면 상대와 새로운 방식으로 함께 춤출 수 있는 변화의 여지가 생기는 것입니다.

경계를 설정하여 관계를 더욱 친밀하게 만들 수도 있습니다. 경계 설정은 다른 사람들을 밀어내라는 말이 아닙니다. 타인에 대한 경계를 설정하면 선을 넘지 않을 거라고 믿기 때문에 실제로는 다른 사람들을 전보다 더 가까이 다가오도록 허용할 수 있습니다. 인간관계에 건강한 경계가 없으면 지나치게 가까이 다가오는 것을 허용하거나, 멀리 밀어내버리거나, 아니면 관계를 아예 차단하게 됩니다. (아이러니하지만 차단된 관계는 처음부터 친밀함이 없었기 때문에 건강한 경계 설정으로 보지 않습니다. 경계 설정이란, 사람들이 자신에게 가까이 다가올 수는 있지만 지나치지 않도록 선을 긋는 것을 의미하며, 가까워지는 것을 아예 차단하는 것이 아닙니다.)

_____ 자신이 살아오면서 맺은 다양한 인간관계에 대해 생각해보세요. 무엇이 건강한 경계를 만들까요?

자신의 여러 인간관계 중 하나를 선택해서 그 관계에 집중해보세요. 그 관계에서 어떻게 경계를 재설정할 수 있을지 상상해보세요. 좀 더 거리를 둘 필요가 있을까요, 아니면 더 가까워지도록 노력해야 할까요?

표준 상태

겨울이 오고 기온이 떨어지기 시작하면 실내에 난방을 켜고 바깥에 나갈 때는 따뜻한 옷을 입어야 편안한 상태를 유지할 수 있습니다. 기온이 더 떨어지면 난방기의 온도를 올리고 더 두꺼운 옷을 꺼내 입어야 합니다. 다시 말해, 편안한 상태를 유지하고 삶을 지속하려면 표준상태로 돌아가기 위한 변화가 반드시 필요합니다. 변화는 표준에서 벗어나게 만든 요소와 반대되는 것을 보충함으로써 이루어집니다.

_____ 오늘은 최근에 내게 일어난 변화들을 떠올리고 내가 어떻게 그 변화들에 적응할 수 있었는지, 어떻게 평정심을 유지할 수 있었는지 생각해보세요. 또 내가 과거에 변화에 적응하기 위해 사용했던 방법들이 앞으로 다가올 변화에도 유용할지 생각해보세요.

온전히
존재하기

미래를 걱정하거나 과거에 집착하는 데 에너지를 소모하지 않고 온전히 현재를 살아가는 것이 정신적인 고통을 덜고 마음의 자유를 얻는 삶의 기술입니다. 이 기술을 통해 자기 삶에 존재하는 능력을 기를 수 있습니다. 현재에 존재하는 것은 다른 사람들의 치유를 돕는 가장 중요한 요소이기도 합니다.

우리는 수많은 잠재력을 갖고 있습니다. 건강한 정신으로 사는 것은 여러 면에서 드넓은 가능성의 바다에 몸을 담그는 것과 비슷합니다. 반면, 건강하지 못한 정신은 우리가 이 광활한 자유와 함께 존재하지 못하도록 방해하는 가지각색의 경직되고 무질서한 행동양식을 가져옵니다. 현재에 존재하고, 이 순간에 마음을 집중하면 회복력이 자연스레 길러집니다. 마음을 강하게 하는 방법들을 체득하지 않으면 순간순간에 압도되어 나중에는 번아웃burnout을 경험할 위험이 있습니다.

다른 사람들과 연대할 때 집중하고 수용하는 자아가 나타납니다. 자기 삶에 온전히 존재하는 방식들이 다른 사람을 돕고, 우리가 사는 세계를 보존하고 개선하겠다는 의지와 도전까지 포함해 우리가 하는 모든 일에 도움이 됩니다.

_____ 어려운 일이지만, 오늘은 현재만 살겠다고 스스로 약속하세요. 방금 일어난 일이나 조금 이따 일어날 일에 대해 생각하지 않고 지금 이 순간, 실제로 벌어지는 일에만 집중하겠다고 다짐하세요. 그리고 당신의 하루가 어떻게 달라지는지 주목해보세요.

깨달음으로
가는 길

이성적인 태도로 대상을 명확하게 인식하고 이에 집중하는 전형적인 경험 방식은 인간의 깊은 본성을 발견하는 길을 멀리 돌아가게 합니다. 우리 모두는 깨달음을 얻을 수 있는 능력을 가지고 태어납니다. 다만 어떻게 접근하는지 모를 뿐입니다. 명상은 깨달음으로 가는 길을 보여줍니다.

자신에게 삶을 바꿀 수 있는 능력이 있다는 것을 믿는다면 그 믿음을 시험해보세요. 생각에 깊이 몰입하여 변화를 이끌어내는 방법들을 생각해보세요. 변화에 진정으로 마음을 여는 것이 변화를 허용하는 첫걸음입니다. 자신이 변화를 만들어낼 수 있다는 것을 진심으로 믿나요?

_____ 오늘은 변화할 수 있는 능력에 집중하고, 자신의 능력을 믿겠다고 자신과 약속하세요.

에고와
영혼

에고는 간단히 말해 우리의 의식/사고방식/이성적인 의식입니다. 에고라는 단어는 라틴어로 '나' 라는 뜻입니다. 에고는 우리 자신의 일부로서, 개인의 정체성(나는 심리치료사입니다), 성취(올 A를 받았습니다), 소유(우리 집), 또는 감정(나는 화가 났습니다)과 연관되어 있습니다. 이런 진술들은 우리의 정체성에 대해 뭔가를 말해주지만, 이것들의 아래에 있는 진정한 자신이 누구인지는 설명하지 못합니다. 직업을 잃고, 자기 소유의 집을 빼앗기고, 좋은 학점을 받지 못해도 당신은 여전히 당신일 것입니다!

자신의 정체성을 에고라고 생각하기 때문에, 에고란

다른 사람들과 자신을 구분하는 그 무엇이라고 할 수 있습니다. 그래서 에고는 타인과 자신을 비교하고, 판단하고, 평가합니다. "나는 못생겼어", "그녀가 나보다 똑똑해", "나는 뚱뚱해" 등등. 당신이 다른 사람을 평가하거나, 혹은 자신이 평가받는다고 느낄 때 자신의 에고가 작동하는 것을 알 수 있습니다.

하지만 에고를 나쁜 것, 혹은 중요하지 않은 것으로 생각해서는 안 됩니다. 에고는 없어서는 안 될 존재입니다. 지구상에서 살아가고 세상과 효율적으로 상호작용하기 위해, 무언가를 생각하고, 계획하고, 준비하고, 규정하기 위해 에고는 꼭 필요합니다. 에고를 인간존재라는 단어 중 '인간'에 해당한다고 생각하면 이해하기 쉬울지도 모르겠습니다.

문제는 에고가 자신의 전부라고 생각할 때 발생합니다. 영적인 자아와 연결이 끊어지기 때문입니다.

반면, 영혼은 인간존재라는 단어에서 '존재'라는 부분에 해당합니다. 영적 자아는 생각이나 감정과는 분리된, 자신의 한 부분입니다. "나는 이것입니다" 혹은 "나는 저것입니다"라고 말하는 대신, 영적 자아는 그저 "나는 존재합니다"라는 문구로 자신을 표현합니다. 영혼을 정확히 정의하는 것은 불가능합니다. 왜냐하면 영혼은 사물이 아니라 본질이기 때문입니다. 다시 말하면, 당신은 영혼을 가지고 있는 것이 아니라 당신이 바로 영혼입니다. 당신의 영적 자아는 당신의 본질이며, 또한 모든 사람들 및 세계의 본질과 연결되어 있습니다.

영적 자아는 세 가지 원칙을 따릅니다. 의미 있는 일에 집중하고, 판단하지 않으며, 결과에 연연하지 않습니다. 따라서 영적 자아는 다른 사람의 비판이나 판단에 영향받지 않으며, 일이 원하는 대로 진행되지 않는다고 괴로워하지 않습니다.

우리가 영적 자아의 개념을 이해하기 어려운 것은 영적인 방식으로 세상을 바라보고, 세상 속에 존재하지 못하도록 방해하는 에고가 있기 때문입니다. 자신의 영적 자아를 이해하고 강화한다면 에고를 적당한 위치에 내려놓고 진짜 중요한 것에 연결될 수 있습니다.

_____ 자신의 에고와 영혼의 차이점을 아는 것이 스스로에 대한 생각을 어떻게 바꿔놓을까요? 에고가 개입하는 상황에서 영혼은 어떻게 행동할지 자문해보세요.

관계의
정원

관계는 집의 정원과 같습니다. 우리는 밖으로 나가 정원을 훑어보면서 식물들이 얼마나 잘 자라고 있는지 살피곤 합니다. 정원의 모든 식물에 적절하게 물을 주고 있나요? 어느새 잡초가 무성하게 자라진 않았나요? 혹시 해충의 조짐이 보이진 않나요? 마찬가지로 우리는 정기적으로 자신의 인간관계들, 특히 소중한 관계들이 어떤 상태인지 살펴보고 가꾸는 일에 힘씁니다. 상호작용하고 관심과 온정을 보이면서 관계를 쌓아갑니다. 아주 굳건하고 건강한 관계라면 그것을 유지하는 데 많은 노력이 필요하지 않을지도 모릅니다. 하지만 아무리 굳건한 관계일지라도 이따

금씩 되돌아보며 돈독함을 이어가기 위해 자신이 무엇을 할 수 있을지 생각해야 합니다. 노력 없이는 어떤 관계도 존속될 수 없습니다.

_____ 인간관계를 정원에 빗대 생각하는 방법이 당신이 인간관계를 바라보는 시각에 새로운 영감을 주었나요? 당신의 정원에서 거름이나 가지치기가 필요한 식물은 어느 것인가요?

왜곡된
경험

"오늘은 안 좋은 날이었어"라는 기운 빠지는 말을 하는 사람을 흔히 볼 수 있습니다. 특히 연달아 이런 말을 들을 때는 더욱 힘이 빠집니다. 그런데 '안 좋은 날'이라는 건 대체 무슨 뜻일까요? 아주 가끔은 해가 뜰 때부터 질 때까지 모든 일이 잘못되는 날이 실제로 있을지도 모릅니다. 하지만 대부분의 경우는 그렇지 않습니다. 한두 가지, 심하면 몇 가지 일이 잘못됐을 뿐이고 나머지는 그런대로 괜찮았는데 우리는 마치 하루 전체가 잘못된 것처럼 일반화해버립니다. 따라서 안 좋은 날이었다고 말하는 것은 그날 하루 동안 있었던 좋은 일들은 모두 무시해버림으로

써 우리의 경험을 왜곡하고 오염시켜 필요 이상으로 기분을 상하게 만드는 것입니다.

당신도 혹시 한 가지 나쁜 경험을 일반화하는 경향이 있진 않나요? 최근에 안 좋았다고 평가했던 날이 있다면, 그날로 되돌아가 긍정적인 일은 전혀 없었는지 다시 생각해볼 수 있을까요?

_____ 다음에 여러 어려운 문제가 겹치는 날이 찾아오더라도, 힘든 하루였지만 모든 일이 잘못되진 않았다는 사실을 스스로 상기할 수 있을까요? 그렇게 할 수 있다면 그 하루에 대한 당신의 경험이 어떻게 달라질까요? 자신의 하루를 보다 긍정적으로 생각하기 시작하면 인생이 긍정적으로 이어지게 된다는 걸 잊지 마세요.

작은
변화부터

크고 극적인 변화보다는 작은 변화가 달성하기 쉬운 경우가 많습니다. 큰 변화는 달성하기 어려울 뿐 아니라, 실제로 변화가 필요한 부분 이외의 다른 영역에 심각한 혼란을 불러올 가능성도 있습니다. 작은 변화는 큰 혼란을 야기하거나 통제 불능이 될 가능성이 적습니다. 원하는 결과를 얻지 못한다 하더라도 지나치게 많은 시간과 노력이 낭비되지 않는다는 점도 좋습니다.

당신이 변화시키고 싶은 영역에서 자신이 시도할 수 있는 가장 작은 변화는 무엇일까요?

분명한 차이를 만들어내는 동시에, 변화를 위해 자신이 지속할 수 있다고 확신하는 최소 시간은 얼마인가요?

_____ 자신에게 이렇게 말해보세요. '오늘은 내 인생의 한 영역에서 작은 변화 한 가지를 시도하겠습니다. 내일은 같은 영역에서 다른 작은 변화를 시도할 것이고, 그다음 날은 또 다른 작은 변화를 시도하겠습니다. 이렇게 내 인생의 한 영역에서 변화를 위한 작은 시도를 이어가겠습니다.'

이 정도는 실천이 가능할 것처럼 보이지 않나요? 일단 시도해보고 일주일 후, 한 달 후, 일 년 뒤에 얼마나 많은 변화기 일어났는지 비교해보세요.

음미하다

음미는 부정적인 생각을 해독하는 흥미로운 방법입니다. 뭔가를 음미하고 있는 동안은 절대 부정적인 생각을 할 수 없습니다. 음미한다는 것은 지금 경험하고 있는 대상에 온전히 관심을 집중한다는 뜻입니다. 대상을 즐기려는 목적으로 주의를 기울인다는 점에서 마음챙김과는 다릅니다. 당신이 주목하려는 경험을 의식적으로 선택하고, 그 경험을 하는 동안 경험의 특성을 깊이 묵상한다는 뜻입니다. 예를 들어 노을에 주목하기로 했다면, 깊고 풍부한 노을의 색조와 서서히 희미해져가는 변화의 순간들을 감상하며, 자신이 그 순간을 즐기고 있다는 사실에 집중하는 것입니다. 노을을 감상하는 경험이 주는 행복감, 경외감, 어떤 재미에 주목할 수도 있고, 혼자, 혹은 다른 사람들과 함께 그 순간을 감상한다는 사실이 자신에게 주는 의미에 대해 생각해볼 수도 있습니다.

음미할 수 있는 대상은 무수히 많습니다. 케이크를 굽는 과정을 음미할 수도, 산책하는 시간을 음미할 수도 있습니다. 자신이 느끼는 감정을 음미할 수도 있습니다. 음식을 먹으면서 향과 식감을 음미할 수도 있습니다. 친구의 얼굴 표정을 음미하거나, 편안한 침대 위에서 잠에서 깨어난 순간을 음미할 수도 있습니다. 수영을 마치고 나와 바싹 마른 옷을 입는 느낌을 즐길 수도 있습니다. 뭔가를 음미할 때는 생생한 현장감을 느끼게 됩니다. 온전히 깨어 집중할 뿐 아니라, 음미하는 순간에 자신이 어떻게 감각하고, 느끼고, 생각하는지 또렷이 인식합니다.

_____ 오늘 기분 좋은 경험을 하게 된다면 그 경험에 주목해보세요. 그 경험의 어떤 부분 때문에 기분이 좋아

지나요. 그리고 어떻게 하면 그 기분이 나머지 시간들로
이어질 수 있을까요?

멈춤

서구인이 멈춤이라고 부르는 빈 시간과 공간을 일본에서는 적당한 간격, 유의미한 멈춤을 뜻하는 '마(間간)'라는 개념으로 이해합니다. 일본인의 일상 경험에 이러한 인식이 깔려 있고, 특히 자유나 창조성과 관련된 경험에서 두드러지게 나타납니다.

멈춤은 경이감의 전제조건입니다. 만약 우리가 멈추지 않는다면, 약속 하나가 끝나면 바로 다음 약속을 위해 이동하고, 한 가지 '계획된 활동'이 끝나면 서둘러 다음 활동에 돌입하는 생활이 끊임없이 이어진다면, 우리는 경이감이 주는 삶의 비옥함을 포기해야 할 것입니다.

오늘은 반복되는 일과 속에 멈춤의 시간을 마련해보세요. 멈춤의 시간 동안 주변을 돌아보고, 휴식을 취하고, 마음을 비우는 등의 정신적인 활동을 하면서 판에 박힌 일과에서 잠시 벗어나보세요. 이 고요한 시간의 충만함을 경험한 뒤에 자신의 집중력이 얼마나 회복되는지 주목해보세요.

_____ 당신의 일과 속에 일상적으로 마의 시간을 허용할 의향이 있나요? 이런 멈춤의 시간이 깨어 있는 정신으로 일상을 살아가는 데 어떤 도움이 될 수 있을까요?

분노
에너지

분노라는 감정이 다루기 힘든 이유는 강렬하게 일어나 사람을 압도해버릴 수 있기 때문입니다. 분노에 휩싸이면 몸 안에서 커다란 에너지가 생성되고 강한 물리적 감각이 느껴집니다. 사실 분노는 위협적인 상황에서 스스로를 돕기 위해 고안된 자연의 장치입니다. 어떤 사람들은 분노가 자신에게 힘과 에너지를 주고, 심지어 기분을 좋게 해준다고 믿습니다. 그래서 분노를 '빼앗기면' 자기 안의 힘과 에너지를 잃을까봐 두려워합니다. 물론 분노는 순간적으로 에너지를 느끼게 만들지만, 적절한 타이밍에 적절한 수준의 분노만 느끼면서 에너지와 자기 통제감을 함께 쟁

취할 수 있는 방법도 많습니다.

분노는 어떤 행동을 취해야 하는지 안내하는 감정이지만, 분노 자체가 행동이 되어서는 안 된다는 사실을 기억하는 것이 중요합니다. 분노라는 느낌 자체는 위험하거나 나쁜 것이 아닙니다. 피할 수 없는 삶의 한 부분입니다. 당신이 어떻게 처리하느냐에 따라 분노를 적절히 조정할 수도, 통제 불능이 될 수도 있습니다.

_____ 내면에서 분노가 솟아오르는 것을 느낀다면 그냥 그 감정이 일어나도록 내버려두세요. 그리고 잠시, 왜 분노가 생겨났는지, 원하는 것이 무엇인지 스스로에게 물어보세요.

장점에
집중하기

자신에게 감사하고 장점에 집중하기로 결심하면 자신의
가치를 깨닫기 시작합니다. 자신을 소중하게 생각하는 사
람은 자신의 실패에 집중하는 사람보다 즐거운 인생을 살
수 있습니다. 또 자신을 소중하게 생각하는 사람은 스스
로를 돌보고, 어떤 음식을 먹고, 어느 정도 운동을 할 것
인지 등, 인생의 여러 영역에서 좋은 선택을 할 가능성
도 많아집니다. 친구나 연인관계에서도 자신을 위해 현명
한 선택을 할 가능성이 높습니다. 자신에 대해 현실적이
고 긍정적인 인식을 가진 사람은 자신에 대한 사랑을 다
른 사람에 대한 사랑으로 확장할 줄 알고, 더 나아가 자신

의 에너지를 인도주의적인 일에, 친사회적인 활동에 사용합니다.

_____ 자신이 일상 속에서 내리는 결정들을 곰곰이 생각해보세요. 자신을 잘 돌보는 사람이 내릴 만한 결정인가요? 당신은 스스로를 강한 사람이라고 생각하나요? 자기 자신에게 호감을 갖고 있나요? 그렇지 못하다면 스스로에 대해 보다 긍정적인 느낌을 갖고, 더 좋은 결정을 내리기 위해 당신이 할 수 있는 일이 무엇일까요? 같은 일에도 상대적으로 좋은 결정들을 내리다보면 조금씩 자신에게 호감을 갖게 될 거라고 생각하지 않나요?

내버려두기

"해결할 수 없는 문제는 그냥 내버려두고 문제에 대한 생각에서 벗어나라"는 조언을 들어본 적 있나요? 실제로 이런 태도가 문제를 바라보는 새로운 시각을 제공하고, 논리적인 두뇌가 정서적인 두뇌와 거리를 두고 여유 공간을 가질 수 있는 훌륭한 방법으로 밝혀졌습니다.

문제에서 떠나 있는 몇 가지 방법이 있습니다. 결정을 미루고 하룻밤 자고나서 생각해본다거나, 당신이 다른 일을 하는 동안 자신의 무의식이 그 문제를 고민하게 둠으로써 문제에서 떠나 있을 수 있습니다. 문제를 회피하고 잠시 떠나 있는 것이 늘 가까이 있었지만 미처 인지하지 못했던 참신한 해결책을 발견하도록 돕거나, 스트레스 상황을 해결할 수 있는 완전히 새롭고 창조적인 방법을 떠오르게 해줄지도 모릅니다.

_____오늘은 당신이 마주한 문제를 내려놓고 잠시 휴식시간을 가져보세요. 10분 정도의 짧은 시간이라도 스트레스를 유발하는 문제에서 벗어나 다른 곳으로 주의를 돌리면 다시 그 문제로 돌아왔을 때 새로운 시각을 얻을 수 있을지도 모릅니다.

단순한
규칙

어떤 관계에서든 받은 만큼 돌려줘야 한다는 단순한 규칙
을 잊지 마세요. 당신이 의지하는 친구들과 균형 있는 관
계를 맺고, 친구가 편안하게 생각하는 것보다 더 많은 것
을 요구하지 않도록 주의해야 합니다. 또 친구가 격려와
도움을 필요로 할 때 그곳에 있어주는 것이 중요합니다.

_____ 자신의 인생에서 중요한 친구 한두 명을 떠올려
보세요. 앞으로 몇 주 간, 혹은 몇 달 간 그 친구들과의
상호작용에 주의를 기울이면서 우정을 바탕으로 한 작

은 도움과 지지를 주고받아보세요. 도움을 주고받는 데 있어 적절한 균형이 유지되고 있나요? 만약 그렇지 못하다면 보다 균형 있는 관계로 발전하기 위해 당신이 할 수 있는 일은 무엇일까요?

패턴 깨기

벗어나고 싶지만 반복되는 패턴을 변화시키는 방법이 있습니다. 기존 패턴을 갑자기 중지하려 하지 말고, 굳어진 패턴을 깨뜨리고 차이를 만들 때까지 기존 패턴에 작은 변화를 시도하는 것입니다. 작은 변화를 시도하는 것은 강둑에 작은 틈을 만들어 강물의 자연스러운 힘에 의해 점점 틈이 벌어지고 결국 큰 변화가 일어나는 과정을 지켜보는 것과 같습니다.

_____ 당신이 바꾸고 싶은 삶의 패턴이 무엇인지 생각

해보세요. 그 패턴을 작은 부분들로 쪼갠 뒤에 그중 한 가지를 바꾸려고 시도해볼 수 있나요? 그 작은 변화가 의미 있는 차이를 만들어낼 수 있지 않을까요?

심오한
호흡

호흡은 내면으로 향하는 관문이며, 몸과 마음을 이어주는 다리입니다. 감정이 동요하면 호흡이 빨라집니다. 반대로 편안히 쉴 때는 호흡이 느려지고 마음이 차분해집니다. 호흡을 다루는 방법을 배우면 감정을 균형 있게 조절하는 귀중한 도구로 사용할 수 있습니다.

호흡에는 심오한 의미가 있습니다. 우리는 매번 숨을 쉴 때마다 우주와 접촉하게 됩니다. 태어난 순간의 첫 호흡부터 인생의 마지막 호흡까지, 호흡은 우리에게 생명을 주고, 생명을 유지시킵니다. 호흡 패턴은 병을 유발할 수도, 건강을 향상시킬 수도 있는 잠재력이 있습니다. 우리는 늘 숨을 쉬고 있기 때문에 호흡은 필요할 때마다 언제든 활용할 수 있는 유용한 건강법이라고 할 수 있습니다.

_____ 오늘은 자신의 호흡에 주의를 기울여보세요. 당신은 언제 호흡이 빨라지나요, 의도적으로 호흡의 속도를 늦추면 기분이 어떻게 달라지나요? 정신없이 혼란스러운 시간이 오면 마음을 조금 가라앉히기 위해 잠시 호흡을 조절해볼 수 있을까요?

괴로움은
선택이다

삶에서 "고통은 피할 수 없지만, 괴로워하는 것은 선택이다"라는 말이 있습니다. 인생의 수많은 상황이 물리적인, 혹은 감정적인 고통을 유발합니다. 그렇다고 해서 자신이 고통에 시달릴 운명을 타고났다거나, 감정적인 고통에 허덕이는 모습이 자신의 정체성이라고 생각할 필요는 없습니다. 당신은 단지 특정한 시기, 특정한 장소에서의 고통을 겪고 있는 것뿐입니다. 안타깝게도 우울증에 시달리는 많은 사람들은 이런 사실을 잊어버리는 경향이 있습니다.

_____ 인생에서 고통스러웠던 시간을 떠올리고 자신이 그 시간을 견뎌냈으며, 자신에게 그럴 만한 힘이 있었다는 사실을 상기하세요. 혹시 지금 고통스러운 상황을 마주하고 있다면 자신에게 이렇게 말해보세요. "내가 겪는 이 고통이 내 정체성을 규정하지 않으며, 이 고통은 내 잘못으로 인한 것이 아니다." 다음번에 고통스러운 상황을 만나면 다시 이렇게 말하세요. "내가 겪는 이 고통이 내 정체성을 규정하지 않으며, 이 고통은 내 잘못으로 인한 것이 아니다."

소통의
목표

어떤 사람들은 자신은 논쟁에서 지는 법이 없다고 자랑스러워합니다. 당신도 만약 논쟁에서 지지 않는 것을 목표로 삼고 있다면 자신의 목표를 다시 고려해볼 필요가 있습니다. 의사소통의 진정한 목표는 이기고 지는 것이 아니라 서로의 이해를 도모하는 것이라는 사실을 마음에 새겨야 합니다. 새로운 해결책을 얻을 수도 있고, 타협점을 찾을 수도 있습니다. 논쟁에서 이기는 데만 집중한다면 관계를 잃을지도 모릅니다.

_____ 우리가 사랑하는 사람과 언쟁을 할 때 자기 입장을 내세우며 자신을 보호하려 드는 것은 어찌 보면 당연한 일입니다. 자신을 공격한다고 느껴지는 사람을 이해하려고 마음을 열기란 쉽지 않고, 때로는 부자연스럽게 느껴집니다. 다음번에 언쟁이 생길 때는 상대방의 입장을 이해하려고 좀 더 노력하고, 논쟁에서 이기는 것보다는 의견 차이를 좁히는 데 집중하겠다고 자신에게 약속하세요.

변화의
주문

자신에게 "지금 내가 즐길 수 있는 일은 이것뿐이잖아?"
라고 말해보세요. 이 문장이 지금 하고 있는 일을 어떻게
바꿔놓는지, 그 일을 하는 기분이 어떻게 달라지는지 주
목해보세요. 이 문장은 불쾌한 감정이 일어나게 하는 문
제점이나 불평거리에 신경을 쏟는 대신, 지금 이 순간에
즐길 수 있는 요소로 관심을 돌릴 수 있게 해줍니다. 최악
의 상황에도 언제나 즐길 수 있는 뭔가는 존재하므로, 이
지침이 당신의 현실과 모순되는 일은 없을 것입니다. 또
한 온갖 짜증스러운 일들에 불평을 늘어놓는 내 안의 심
술궂은 목소리와도 모순되지 않을 것입니다. 이 방법은

불평하는 목소리에 '하지만'이라고 말하며 반대하는 것이 아니기 때문입니다. 비판적인 목소리가 불평하는 바로 그 일에 '그리고'라고 말하며 동참하되, 같은 일의 다른 측면으로 관심을 돌려 당신이 즐길 수 있는 요소에 주목하는 것뿐입니다. 이 문장을 무의식에 새겨질 때까지 주문처럼 되뇌다보면 당신의 삶이 보다 즐겁고 유용한 방향으로 변화될 수 있습니다.

_____ 자신에게 이렇게 말해보세요. '오늘은 긍정적인 시각을 가지려고 노력하고, 매 순간 즐길 수 있는 요소가 무엇인지 자신에게 질문하는 것을 잊지 않겠습니다.'

큰그림

대부분의 불행은 주변 상황을 모두 무시하고 문제에만 초점을 맞추는 좁은 시야에서 비롯됩니다. 시야를 확장하면 문제 상황과 동시에 벌어지고 있는 여러 정황을 포괄적으로 파악하여 보다 넓은 범위에서 문제의 큰 맥락을 이해할 수 있습니다. 또 이 맥락을 통해 문제를 주변 상황과 연결시키면 훨씬 많은 정보를 포함하는 '큰그림'을 볼 수 있습니다.

_____ 지금 씨름하고 있는 인생의 중요한 문제에 대해

생각해보세요. 당신이 문제를 깊이 파고들수록 모든 일에 먹구름이 끼는 것을 확인할 수 있을 것입니다. 한 가지 작은 부분이라도 새로운 관점을 가질 수 있도록 문제를 보는 시각을 확장할 수 있는 방법은 없을까요? 문제를 둘러싼 어둠에 한 줄기 빛이 스며들게 할 수는 없을까요? 혹시 이런 시도가 참신한 해결책을 생각나게 만들지는 않을까요?

과거에 일어난 사건은 바꿀 수 없지만

부여하는 의미는 바꿀 수 있습니다.

그렇게 함으로써

과거에 대한 인식을 새롭게 하고,

미래를 변화시킬 수 있습니다.

요청하기

직장에서는 물론이고 모든 인간관계에서 자신의 바람을 솔직하고 명확하게 표현하는 것이 좋습니다. 다른 사람이 자신의 바람을 채워주지 않아서 화가 났던 경험이 있다면, 당신이 상대에게 어떻게 요청했었는지 되돌아보세요. 당신은 필요한 것을 명확하게 요구했었나요? 어떤 사람들은 다른 사람을 불편하게 하고 싶지 않다는 이유로 자신의 바람을 제쳐두곤 합니다. 그런 행동방식은 결과적으로 지나친 스트레스를 초래할 수 있습니다. 많은 경우 다른 사람들은 우리를 돕고 싶어 합니다. 하지만 우리가 말해주지 않는다면 그들은 도울 방법을 알 수 없습니다.

그러므로 일에 집중하기 위해 조용한 공간이 필요하다거나, 혹은 상대가 당신의 이야기에 좀 더 귀를 기울여주기 원한다면 이러한 바람이 충족될 수 있도록 솔직하게 요청하는 것이 당신이 원하는 상황을 만드는 가장 확실한 방법입니다.

＿＿＿＿＿ 자신이 바라는 것을 분명하게 밝히는 것이 어렵게 느껴지나요? 만약 그렇다면 이유가 무엇일까요? 자신의 요구가 정당한지 확신할 수 없어서, 혹은 자신의 바람을 표현하는 것이 다른 사람의 기분을 상하게 할까봐 염려되기 때문인가요? 지금 당장 그동안 표현하지 못했던 자신의 바람을 두세 개 나열해보세요. 그리고 오늘 하루 자신의 바람을 표현하려고 최선을 다하고, 그 결과에 주목해보세요.

진짜 모습

역설적으로 들릴지 모르지만 어떤 사람들은 자신의 진정한 자아를 되찾거나, 재발견함으로써 스스로를 변화시킵니다. 진정한 자아가 실제로 존재하는지에 대해선 논쟁의 여지가 있지만 대부분의 사람들은 자신의 '진짜 모습'대로 살지 못할 때 불편함을 느낍니다. 저는 가장 심오한 인생 여정은 점점 더 자기 본연의 모습으로, 자기 자신의 삶을 살아가는 것이라고 생각합니다.

_____ 눈을 감고 긴장을 내려놓으세요. 지금 이곳에서

일어나는 일에 대한 생각을 머릿속에서 비워내려고 해보세요. 마음속 깊은 곳으로 내려가 진짜 내가 누구인지, 내 본질은 무엇인지 느껴보세요. 몇 분이 지나면 눈을 뜨고, 자신에게 이렇게 질문하세요. '내가 일상적으로 세상에 표현하는 내 모습이 진짜 내 모습일까?'

만약 그렇지 않다는 대답이 나온다면, 자신이 세상에 드러내는 모습을 진짜 자아에 가깝게 변화시키기 위해서 지금 할 수 있는 일이 무엇일까요?

집중력

인도의 어린 전사들은 집중력과 예리함을 기르기 위해 활쏘기 훈련을 받았습니다. 훗날 〈바가바드기타〉의 주인공이 되는 아르주나도 어린 시절에 무사가 되기 위한 훈련을 받았습니다. 지도 교사는 제일 뛰어난 사람을 뽑기 위해 학생들에게 활을 당겨 저 멀리 있는 나무에 앉은 새를 겨냥하라고 지시했습니다. 학생들의 활시위가 팽팽하게 당겨졌을 때 교사가 물었습니다.

"뭐가 보이나요?"

첫 번째 학생이 대답했습니다. "저는 들판과 나무 몇 그루, 그리고 그 나무들 중 하나에 앉아 있는 새가 보입니다."

두 번째 학생이 대답했습니다. "저는 새가 앉아 있는 나무만 보입니다."

아르주나는 이렇게 대답했습니다. "제 눈에 보이는 것은 새의 눈동자뿐입니다."

그러자 교사는 곧바로 아르주나가 이겼다고 선언했습니다.

_____ 자신의 삶에 충분히 집중하며 살아가고 있다고 생각하나요? 집중력이 향상되면 일상생활에 어떤 유익함이 있을까요?

감정
쪼개기

당신은 아마 극단적인 생각과 느낌을 갖고 사는 것이 어떤 기분인지 잘 알고 있을 겁니다. 그러나 잠시만 생각을 멈추고 가만히 있어보면 두 가지 느낌을 동시에 느끼는 경험을 하게 될 것입니다. 실제로 사람은 언제나 한 가지 이상의 느낌을 가진다는 진실을 인식할 수 있게 됩니다. 신뢰하는 동시에 두려워하고, 분노하는 동시에 용서할 수 있습니다. 짜증스러운 동시에 재미있는 경우도 있습니다. 이제부터 잠시 시간을 내어 무엇이든 모순적인 느낌을 불러일으키는 것들에 호기심을 가져보세요.

＿＿＿＿＿ 지금 현재 극단적인 감정에 사로잡혀 있다면 잠시 감정을 멈추고 잠잠해지려고 최대한 노력해보세요. 자신이 느끼는 모든 감정들을 분노나 슬픔, 또는 두려움과 같은 단 하나의 감정으로 규정하지 않고, 세분화된 여러 개의 느낌들로 분리하여 각각의 느낌을 따로 경험하려고 노력해보세요. 감정을 작은 부분들로 쪼개는 방법이 문제에 대한 당신의 느낌을 어떻게 바꿔놓나요? 자신의 감정이 좀 더 다루기 쉽게 느껴지지는 않나요?

아이러니

가족 안에서 다양한 경험, 신념, 가치관, 의견 들의 차이
에 직면하면서 관계는 시험받지만 개인은 발전할 수 있
습니다. 아이러니하게도 가족 구성원 간의 차이점에 대
해 이야기하는 과정에서 가족 관계의 안정성을 향상시키
는 성장과 변화가 일어나는 경우가 많습니다. 다시 말해,
서로 의견이 맞지는 않지만 가까운 관계를 유지하는 가족
구성원들이 더 큰 친밀감을 느끼게 된다는 말입니다.

가족 구성원들이 서로를, 사랑하지만 의견이 전혀 맞지
않는 대상으로 바라보게 되면, 그들은 자신에 대해, 그들

의 관계에 대해, 다른 가족 구성원에 대해 보다 복합적인 시각을 포용해야만 합니다. 그렇게 점점 더 복합적인 시각을 갖게 되면서 자기 자신과 가족들에 대한 호기심이 높아지고 친밀감과 안정감이 향상될 수 있습니다. 열을 가할수록 단단해지는 도가니처럼 시련을 통해 서로의 관계가 더욱 돈독해지는 것입니다.

_____ 진심을 담아 자신에게 이렇게 말해보세요. '나는 우리 가족 안에 있는 풍부한 다양성과 의견 차이를 존중하고 감사하게 생각합니다.' 만일 진심으로 이런 말을 할 수 없다면, 자신과 근본적인 차이점을 가진 가족을 보다 열린 마음과 지지하는 감정으로 대하기 위해 지금 단계에서 당신이 할 수 있는 일은 무엇인가요?

공유와
노출

진정한 대화를 통해 친밀한 교제를 나누려면 서로의 경험을 교환하는 과정이 필요합니다. 상대가 말하면 내가 듣고, 내가 말하면 상대가 듣는 식으로 말입니다. 두 사람 모두 친밀한 관계를 위해 시간과 에너지를 들여 자기 자신을 노출하고 상대의 이야기를 듣습니다. 우리는 서로 반응을 공유하고, 자신을 노출하는 위험을 감수합니다. 이를 통해 함께 배우고 발전할 수 있습니다.

_____ 오늘은 자신이 상대방과 어떻게 이야기를 주고

받고 있는지에 주목해보세요. 말하고 듣는 것이 균형을
이룰 수 있도록 신경을 써보세요.

드러내는
용기

자신이 무엇이 필요하고, 무엇을 원하는지 분명히 밝힐 수 있는 능력은 일반적으로 힘의 상징으로 여겨집니다. 자신이 원하는 것을 말할 때는 자기 자신을 드러내야 하고 다른 사람이 자신을 알게 되는 것을 허용해야 합니다. 그런 행동을 하는 데는 상당한 자신감이 필요합니다. 왜냐하면 자신의 욕구를 솔직하게 말하는 것은 다른 사람들에게 자신의 진짜 모습을 드러내는 일이고, 이는 어느 정도의 위험성을 내포하기 때문입니다.

_____ 자신의 욕구를 솔직하게 말할 때 속마음이 드러나는 것에 부담을 느끼나요? 비난받을까봐 두려워하는 연약한 마음 때문에 자신의 의견을 밝혀야 하는 순간에 침묵하지는 않았나요? 어떻게 해야 자신의 욕구는 정당하며, 스스로 표현하지 않으면 다른 사람이 자신을 이해할 길이 없다는 사실을 자기 자신에게 상기시킬 수 있을까요?

타협 아닌
협력

사람들은 종종 협력을 타협하는 능력이라고 생각합니다. 타협이란, 협상을 거쳐 나는 내가 원하는 것을 일부 얻고, 다른 사람은 그가 원하는 것을 일부 얻지만, 둘 중 누구도 진짜 원했던 것을 얻을 수 없다는 의미를 내포합니다. 만약 나는 중국 음식을 먹고 싶고, 다른 사람은 이탈리아 음식을 먹고 싶어 한다면 우리는 타협의 결과로 멕시코 레스토랑에 가게 될지도 모릅니다. 그 타협안은 욕구의 일부를 만족시키지만(음식을 먹고 함께 시간을 보내는 것) 양쪽 중 누구도 진짜 원하는 것을 얻지 못합니다.

협력이란 모든 사람을 동시에, 즉시 만족시키지는 못하더라도 결국에는 모두가 원하는 것을 얻는 개념입니다. 협력을 통한 협의안은 오늘은 함께 이탈리아 음식점에 가고, 다음에는 중국 음식점에 가는 방식이 될 수 있습니다. 이탈리아 음식과 중국 음식을 모두 먹을 수 있는 쇼핑몰의 푸드코트에 가는 것도 또 다른 해결책이 될 수 있습니다. 가끔은 타협이 필요할 때도 있지만, 우리는 협력을 좀 더 추구해야 할 필요가 있습니다. 협력은 모두가 지는 게임이 아니라 모두가 이기는 윈윈win win을 지향하기 때문입니다.

_____ 다음번에 누군가와 의견 충돌이 생겨 타협안을 찾아야 할 때는 타협이 아닌 협력을 통한 해결책이 있진 않을지 생각해보세요. 모두를 동시에 만족시키진 못하더라도 당면한 상황에서 결국 모두가 원하는 것을 얻을 수 있는 방법은 없을까요?

꾸준한
만남

자기 인생에서 사회적 지지를 향상시키는 최선의 방법은 이미 있는 친구 및 가족 관계를 유지하도록 노력하는 것입니다. 그들을 자주 생각하고 소셜 미디어를 통해 연락을 하는 것도 좋지만, 직접 만나서 새로운 기억을 만드는 것 역시 중요합니다. 다른 사람들과 만나 함께 시간을 보내는 것은 우리 모두가 정기적으로 해야 하는 일입니다. 책임질 일이 적은 젊은 시절에는 정기적으로 만나다가 나이가 들고 책임져야 하는 일이 많아지면서 만남에 소홀해지는 경우가 많습니다. 하지만 평생 만남을 꾸준히 지속하는 것이 건강한 태도입니다. 사실 책임감이 무거워지고 스트레스 요인이 많아지는 시기가 관계를 통한 사회적 지지가 더욱 필요한 때이기도 합니다.

_____ 장기적인 사회적 건강 및 인지 건강을 예측할 수 있는 가장 확실한 변수는 건강한 인간관계를 유지하고 있는 정도입니다. 자신의 인간관계를 찬찬히 돌아보고 그들과 직접 만나는 시간이 예전에 비해 줄어들지는 않았는지 생각해보세요. 친구들이나 친척들과 직접 얼굴을 마주하는 시간을 마련하기 위해 작은 변화를 시도해볼 수 있을까요?

허용하는
마음

도움을 받는다는 것은 당신에게 관심이 있거나 당신을 아끼는 누군가가 당신을 도움으로써 마음을 표현할 수 있도록 허용하겠다는 마음에서 시작됩니다. 도움을 제안받았을 때 거절하는 것은 독립적으로 행동하고 싶다는 메시지를 전할 수도 있지만, 당신이 그 제안을 존중하지 않는다는 메시지가 전달될 수도 있습니다. 더욱이 상대가 성심껏 제안한 도움에 퇴짜를 놓았다면 관계를 발전시킬 기회를 거절한 셈이 될 수도 있습니다.

_____ 당신은 다른 사람들로부터 도움받는 것을 어려워하는 편인가요? 자신이 필요한 것을 말하고 다른 사람이 당신의 필요를 채우도록 허용하는 것이 자신의 약점을 드러내는 일처럼 느껴지나요?

혼자 모든 일을 해결할 수 있는 사람은 없습니다. 당신의 인생에서 도움이 필요한 영역을 생각해보고 누군가에게 손을 내밀어 도움을 요청하겠다고 다짐하세요. 작은 부탁을 통해 상당한 안도감을 얻을 수도 있습니다.

실패가
말해주는 것

만약 당신이 지속적으로 목표 달성에 실패하고 있다면 그 실패가 당신에게 말해주는 바가 있을 것입니다. 목표를 수정해야 할지도, 목표 달성을 수월하게 만들기 위해 자원을 좀 더 끌어모아야 할지도 모릅니다.

모든 실수를 새로운 체계를 완성하기 위한 과정, 혹은 잠재적인 단서로 바라본다면 실수로 인해 낙심하고 포기하는 것이 아니라, 오히려 목표를 향해 계속 나아갈 동력을 얻을 수도 있습니다.

_____ 스스로 자신이 달성할 수 없다고 규정했던 목표에 대해 다시 생각해보세요. 그 목표를 정직하게 바라보세요. 지나치게 높은 목표였나요? 혹시 그 일에 충분히 전념하지 못한 것은 아닌가요? 보다 쉽게 접근할 수 있도록 목표를 새로운 시각으로 재구성해볼 수 있을까요? 새로운 목표는 전보다 성취할 가능성이 높아질 거라는 소망을 갖고 오늘 하루는 당신이 노력하고 있는 목표를 재구성하는 데 사용해보세요.

미래
바꾸기

우리는 과거의 실수를 반복하지 않기 위해 과거에서 교훈을 얻습니다. 과거의 성공을 통해 교훈을 얻기도 합니다. 하지만 우리는 현재를 살고 있습니다. 실제로 변화가 일어나는 곳은 현재입니다. 과거는 변하지 않고 미래는 아직 변화시킬 수 없습니다.

우리는 오직 현재를 충실하게 살아감으로써 미래를 바꿀 수 있습니다.

_____ 자신에게 이렇게 말해보세요. '오늘 하루는 현재

에만 집중하겠습니다. 현재를 충실하게 살아가는 것이 건강한 미래를 보장하는 최선의 방법임을 알기 때문입니다.'

고통의
역할

고통은 인생을 예민하게 감각하게 해줍니다. 고통에서 도망치면 우리는 삶의 활력을 잃고, 감정을 온전히 느끼며 전심으로 사랑하는 능력을 잃을 수도 있습니다. 고통 자체가 좋은 것이라는 말이 아닙니다. 아이러니하지만 고통이 있어야 고통이 완화되는 기쁨도 있다는 사실을 말하는 것입니다. 고통과 고통의 완화는 헤라클레이토스의 화살과 활시위 같습니다. 사람들이 고통을 느낄 수 없다면 우리는 좀비들의 세상에서 살게 될 것입니다.

_____ 고통스러웠던 상황을 되돌아보세요. 그 상황을 통해 뭔가를 배울 수 있었나요? 당시에 느꼈던 고통과, 고통을 극복하는 과정이 당신을 강하게 만들지는 않았나요? 고통스러운 경험에서 어떤 교훈을 얻었으며, 그 교훈을 당신의 미래에 어떻게 적용할 수 있을까요?

포 용

살다보면 나쁜 일이 생기기 마련입니다. 피할 수 없는 일입니다. 하지만 좋은 일도 있기 마련입니다. 삶을 온전히 살아낸다는 것은 인생에 일어나는 모든 일을 포용한다는 의미입니다.

_____ 내일 하루 동안, 혹은 한 주 동안 당신에게 일어나는 좋고 나쁜 모든 일들을 온전히 포용하도록 노력해보세요. 만약 당신이 나쁜 일에 집중하는 경향이 있다면 긍정적인 경험도 있었다는 사실을 상기하려고 노력해보

세요. 반대로 인생의 어려운 부분을 모른 체하려는 경향
이 있다면 문제에 직면하도록 노력하세요. 이렇게 전체
를 온전히 받아들이는 삶의 방식이 자신에게 어떤 느낌
으로 다가오는지 주목해보세요.

근원 찾기

상대적으로 삶에 스트레스가 적을 때는 스트레스를 주는 한 가지 사건이 두드러지게 눈에 띕니다. 하지만 삶 전반에 스트레스 요인이 점차 많아지고 다양해지면 스트레스가 정확히 어디에서 오는지 파악하기 어려워집니다. 위급하고 명백한 스트레스 요인 몇 가지는 꼽을 수 있겠지만 삶의 미묘한 영역에서 스트레스를 주는 요인들은 놓치기 쉽습니다.

스트레스가 어디에서 비롯되는지 알고 있으면 스트레스 관리가 한결 수월해집니다. 특히 지속적으로 높은 수준의 스트레스를 받고 있을 때는 더욱 그렇습니다.

_____ 만약 현재의 삶이 유난히 스트레스가 높고 모든 것이 어렵게 느껴진다면 스트레스를 유발하는 요인들을 모두 나열해보세요. 자신의 삶이 하나의 커다란 스트레스 덩어리로 느껴지겠지만, 실제로는 여러 가지 스트레스 요인들이 모여 삶을 구성하고 있다는 사실에 주목하세요. 스트레스 요인들이 서로 연결되어 있더라도 모두 같은 근원에서 비롯되지 않았을 것입니다. 각각의 스트레스 요인들을 개별적인 항목으로 바라보면 스트레스를 관리하는 방법을 찾을 수 있지 않을까요?

행동해야
변화한다

변화는 원래 어렵습니다. 사람들은 특정한 방식에 익숙해지고, 특정한 춤을 추는 데 익숙해지기 마련입니다. 시간이 지나면서 반복되는 패턴은 습관으로 굳어집니다. 어떤 습관은 바꾸기가 몹시 어렵습니다. 때때로 변화의 필요성을 깨닫고 습관을 바꾸기 위해 노력해보지만 실제로 변화에 미치지 못하는 경우가 많습니다. 단순히 변화의 필요성을 이해하는 것만으로 변화에 성공하는 사람은 많지 않습니다. 사람들은 어떤 화학물질이 끔찍한 부작용을 일으킨다는 걸 알면서도 자신의 몸에 주입하곤 합니다. 변화의 필요성을 깨닫는 것만으론 누구도 치료할 수 없습니다. 변화하겠다는 결심은 의지적인 행동이고 좋은 것이지만 그것으로 충분하진 않습니다. 변화의 필요성을 깨닫고 변화하겠다고 결심할 뿐 아니라, 실제로 변화에 영향을 미치는 새로운 행동이 뒷받침되어야 합니다.

얼마나 자주 '내가 그냥 변할 수 있다면 좋겠다'고 생각해왔습니까! 이런 소망이 실제로 행동의 변화를 수반했던 적은 얼마나 있습니까?

_____ 달라지기를 소망하는 인생의 여러 요소 중에서 자신이 어떤 변화를 실천할 수 있는지 이미 알고 있는 작은 부분을 하나 선택하세요. 오늘부터는 변화가 일어나기를 막연히 바라는 데서 그치지 않고, 그 변화를 이루기 위해 뭔가 다른 행동을 해보겠다고 자신에게 약속하세요.

최고의
지침

부모의 역할은 자녀에게 생명을 줄 뿐 아니라 주체성과 친밀함의 참된 의미와 목적을 깨닫고, 두 가지가 균형 있게 발달된 인생을 살아갈 기회를 주는 것입니다. 애착 중심 양육이란 부모가 자녀와의 관계 속에서 축적한 고유한 지식들을 중심으로 자녀들을 양육하는 방식입니다. 이런 방식은 자녀와 부모가 순간순간 서로에게 반응하고 적절하게 대응하면서 함께 춤을 추는 것과 같습니다. 함께 춤을 즐기면서 기쁨을 누리는 동시에 서로의 생각과 감정, 의도에 대한 이해를 쌓아갈 수 있습니다. 이런 이해가 바탕이 된 지식은 자녀를 위해, 그리고 자녀와의 관계를 위해 무엇이 최선인지 판단하는 최고의 지침이 됩니다.

_____ 자녀들, 혹은 다른 사랑하는 가족을 떠올려보세요. 그들의 고유한 특징들에 대해 생각해보세요. 당신은 그들의 고유한 개성을 길잡이로 삼아 그들을 대하는 방식을 향상시킬 수 있나요?

정직한
말하기

정직한 말하기는 자신의 마음속이나 머릿속에 있는 말을 이해하기 쉽고 상대의 감정을 자극하지 않는 방식으로 분명하게 전달하는 것과 관련이 있습니다. 또한 자신의 진짜 의도만 말하고, 다른 의도를 품지 않는 것이기도 합니다. 정직한 말하기는 어떤 위협도 내포하지 않습니다! 누구나 진실되고 분명하게 말하고 상대의 말을 이해심을 갖고 들을 때, 대화에 참여하는 개인과 그들 간의 관계가 어떤 위협도 받지 않고 함께 발전할 수 있는 안전한 환경을 만들 수 있습니다.

_____ 차분하고 건설적인 태도로 자신을 표현하는 일이 때론 힘든 과제일 수 있습니다. 최근에 나누었던 대화 중에 자신이 말하는 태도를 후회했던 적이 있나요? 자신의 말 때문에 생긴 균열을 어떻게 회복할 수 있을까요? 한걸음 더 나아가 사랑하는 사람들과 대화를 나눌 때 인내심 있고 친절한 태도를 유지하려면 어떻게 해야 할까요?

오늘 아침
첫마디

어떤 사람들은 아침에 침대를 박차고 나오며 하루를 열정적으로 시작하는 반면, 계속 알람시계의 버튼을 누르면서 무거운 몸을 이끌고 힘겹게 침대를 벗어나는 사람들도 있습니다. 하루를 어떻게 시작하느냐에 따라 나머지 시간의 페이스가 결정될 가능성이 높습니다. 열정을 갖고 생동감 있게 하루를 시작한다면 나중에 어려운 일이 생기더라도 좋은 상태를 유지하기가 한결 수월합니다. 반대로 의기소침하거나 언짢은 기분으로 하루를 시작한다면 그 상태에서 벗어나 기분이 나아지게 만들려고 애를 써야 하기 때문에 하루가 훨씬 힘들어질 가능성이 많습니다.

잠에서 깨어나 자신에게 맨 처음 어떤 말을 하느냐에 따라 하루가 달라지는 경우도 있습니다. 당신은 알람 소리나 아침 햇살, 혹은 먼저 일어난 다른 사람이 움직이는 소리에 잠에서 깼을지 모릅니다. 잠에서 깨어나 자기 주변의 세계를 감각하기 시작할 때 머릿속에 제일 먼저 떠오르는 단어는 무엇인가요? 오늘 아침에 자신에게 처음으로 한 말은 무엇이었나요?

어제 아침은 어땠나요?

지난 며칠 간의 아침을 되돌아보세요. 자신에게 무슨 말을 했고, 그 말이 하루의 분위기를 어떻게 만들었나요?

이번에는 아침에 자신에게 말했던 내면의 목소리가 어떤 어조, 크기, 속도였는지, 주저함이 느껴지진 않았는지 말의 분위기에 주목해보세요. 만약 의기소침한 어조로 "난 오늘 일하러 가야 돼"라고 말했다면, 당신은 아마 침대에서 일어나 나갈 준비를 하기까지 상당한 노력이 필요했을 것입니다. 그리고 그런 태도가 하루 내내 이어졌을 가능성이 높습니다.

반면 당신이 열정적인 어조로 "좋아, 맨 먼저 해야 할 일이 뭐였더라?"라고 말했다면 굉장히 쉽게 침대에서 벗어났을 것이고, 정말로 불쾌한 사건이 일어나지 않는 이상 긍정적인 태도가 유지될 가능성이 많습니다.

_____ 자신에게 말할 때 어떤 언어를 사용하는지 곰곰이 생각해보고, 그것이 어떤 차이를 만들어내는지 주목해보세요.

결론보다
과정

협력하는 능력은 사교댄스와 비슷합니다. 상대와 호흡을 맞춰 춤출 때는 리드하는 방법과 따르는 방법을 모두 알아야 하고, 언제 리드하고 언제 따라야 하는지 판단할 수 있어야 합니다. 즐겁고 아름답게 춤추기 위해서는 음악이 바뀌면 파트너와 함께 새로운 음악에 유연하게 적응하는 방법도 알 필요가 있습니다.

협력은 은밀한 것을 공공연하게 밝히는 과정이 필요합니다. 각자가 원하는 것을 테이블 위에 모두 꺼내놓는다는 의미입니다. 서로의 욕구를 충분히 확인한 후 결론에 이

르도록 해야 합니다. 협력에서는 최종 결론보다 결론을 도출하기 위해 어떤 과정을 거쳤는지가 더 중요하기 때문입니다.

_____ 당신은 잘 협력하는 편인가요? 자신의 요구보다 공동체의 요구를 우선순위에 둘 수 있나요?

다음에 다른 사람과 협력해야 하는 상황에 놓이면 협력을 주도하는 사람이 되려고 노력해보세요. 방금 읽은 음악에 대한 비유를 상기하고 변화하는 음악에 적응하려고 노력해보세요.

원하는 것을
말하라

자신이 무엇을 원하는지 아는 것이 늘 쉽지는 않습니다. 사람들은 무엇을 원하는지 묻는 질문을 받으면 종종 자신이 원하지 않는 것부터 말하곤 합니다. 예를 들어 "사람들이 저를 함부로 대하는 것을 좋아하지 않아요"라고 돌려 말하는 것입니다. 당신이 원하는 것에 집중하세요. 예를 들면 다른 사람들이 자신의 바람이 무엇인지 들어주기를 원한다고 대답하는 것이 좋습니다.

_____ 누군가가 당신에게 무엇을 원하는지 물을 때 자

신이 어떻게 대답하는지에 주목해보세요. 혹시 자신이 원하지 않는 것을 대답으로 내놓지는 않았나요? 만약 그렇다면 대답하기 전에 잠시 멈추고 자신이 정말 원하는 것이 무엇인지 생각해보세요. 자신이 원하는 바를 분명하고 직접적으로 표현하는 것을 잊지 마세요.

중요한
것부터

동시에 너무 많은 변화를 이루려고 하지 마세요. 동시에 많은 변화를 추구하여 자신을 실패의 길로 몰아넣지 않도록 주의하세요. 많은 습관을 한꺼번에 바꾸려는 것은 일반적으로 좋은 생각이 아닙니다. 대부분의 경우, 한 번에 한두 가지 습관을 바꾸는 것이 가장 효과적입니다. 아마 유난히 관심이 가고 변화 의욕이 생기는 습관들이 있을 것입니다. 가장 신경이 쓰이고 중요하게 생각하는 부분부터 변화를 시작하세요. 습관을 바꾸려는 노력이 궤도를 벗어났을 때는 재빨리 알아차리고 자신이 선택한 좋은 습관으로 돌아가세요.

_____ 자신의 인생에서 바꾸고 싶은 것들을 목록으로 만들어보세요. 이제 그중에서 한 가지만 선택하세요. 상대적으로 쉬워 보이는 것을 선택하는 것이 좋습니다. 그리고 실행하세요! 변화를 이루어내고, 새로운 습관을 만드세요. 변화에 성공한 습관은 목록에서 삭제하세요. 이제 목록에서 다른 습관을 선택하세요. 그다음으로 쉬워 보이는 것을 고르면 됩니다. 이 과정을 반복하세요.

경로
재배열

긍정적이든 부정적이든 어떤 반응이 반복적으로 발생하면 마치 그것이 영원할 것처럼 느껴질 수 있습니다. 이것이 불안장애가 우리 마음속에 파고들어 고착화되는 방식입니다.

반대로 새로운 반응 패턴이 생기고 변화가 확고해지는 과정도 이런 방식으로 설명할 수 있습니다. 뉴런은 반복에 반응하여 우리의 두뇌 안에 신경 정보를 전달하는 새로운 경로를 창조하거나 기존 경로를 재배열합니다. 이로 인해 나이에 관계없이 계속 배우고 변화하는 것이 가능해집니다. 우리는 반복적인 연습을 통해 자신의 뇌가 다르게 반응하도록 훈련할 수 있습니다.

_____ 우리는 자신이 특정한 상황에 자동적으로 반응하고 있다는 사실조차 인지하지 못할 때가 많습니다. 원하는 몸을 갖기 위해, 혹은 몸 건강을 유지하기 위해 운동을 하는 것과 마찬가지로, 마음의 변화를 성취하기 원한다면 자신의 마음이 새로운 방식으로 반응할 수 있도록 마음을 훈련하는 방법을 배워야만 합니다.

자신이 자동적으로 반응하게 되는 상황을 한 가지만 예를 들어볼 수 있을까요? 자신이 상황에 반응하는 방식을 변화시키고 패턴을 깨뜨릴 수 있나요?

과거라는
감옥

우리 모두는 자기 과거의 소산이지만 그렇다고 과거의 감옥에 갇힌 죄수가 될 필요는 없습니다. 과거에 좋은 경험이 있었다면 기꺼이 받아들이면 됩니다. 혹시 악취를 풍기는 경험이 있었더라도 그 역시 자신의 과거이며, 그 경험이 자신의 현재 모습을 형성했다는 사실을 인정해야 합니다. 우리는 현실을 받아들이고, 변화의 필요성을 느껴야만 합니다. 원하는 변화를 실현하기 위해서는 굳은 결심과 함께 이를 뒷받침해줄 실제적인 행동과 태도의 변화가 필요합니다.

_____ 당신은 자신의 과거를 되돌아볼 때 대부분 행복한 기억이 떠오르나요? 아니면 슬픈 기억이 대부분인가요? 그 중간의 어느 지점인가요? 당신은 과거의 고통스러운 기억들을 수용할 수 있나요? 과거의 특정한 순간에 얽매여 있다고 느끼진 않나요? 만약 그렇다면, 자신을 옭아매는 과거의 굴레에서 벗어나기 위해 오늘 당신이 할 수 있는 일은 무엇인가요?

매 순간의
수용

마음챙김은 정신적인 태도이자 문제에 대응하는 방식입
니다. 마음챙김의 핵심은 매 순간의 경험을 있는 그대로
수용하는 것입니다. 또한 어떤 일이 발생했을 때 이를 억
압하거나 회피해서는 변화를 이루어낼 수 없다는 것을 내
포하고 있습니다. 오직 매 순간을 수용할 때 자신의 경험
을 변화시킬 수 있습니다.

마음챙김 수련은 항상 오르락내리락 변화를 반복하는 자
신의 감정, 느낌, 충동, 욕망을 판단하거나 바꾸려 들지
않고 그저 관찰하고, 알아차리라고 가르칩니다. 마음챙김

수련 중에는 자신의 마음 상태가 어떠하든 열린 마음으로
받아들입니다. 마음챙김은 삶에 온전히 집중할 수 있도록
자신을 훈련하는 방법입니다.

_____ 자신에게 이렇게 약속하세요. 오늘 나는 스쳐지
나가는 모든 순간을 의식하고 기꺼이 맞이하겠습니다.

반응
통제하기

스트레스 관리라고 하면 많은 사람들이 자기 인생에 맞닥
뜨린 스트레스 요인들을 통제하고 감소시키는 방법에 대
해 생각합니다. 하지만 우리는 종종 자신이 바꿀 수 없는
상황에 처하게 됩니다. 적어도 당장은 자신이 처한 상황
을 바꾸는 것이 불가능해 보일 때가 많습니다. 이것이 우
리의 사고방식이 그토록 중요한 이유입니다. 자신이 처한
상황을 바꿀 수 없을지라도 상황에 대처하는 자신의 반응
은 통제할 수 있기 때문입니다. 이러한 통제력을 발휘하
여 스트레스를 주는 경험의 부정적인 요인들을 감소시킬
수 있습니다.

_____ 어떤 것에 스트레스를 받는다고 느끼면 자신에게 이렇게 말해보세요. '현재의 상황을 바라보는 시각은 나의 통제 아래 있으며, 나는 지금 느끼는 스트레스를 인정하고 놓아주기를 선택하겠습니다.' 다시 한번 반복해서 말하면서 이 문장을 진심으로 믿어보세요!

관계
수정하기

우리는 이상적인 삶의 방식을 창조할 수 있습니다. 다른 사람의 내면에서 무슨 일이 일어나는지 주의 깊게 살피고 열린 태도와 세심한 배려로 가능한 한 친절하게 대하고 적절하게 맞춰주려고 노력할 수 있습니다. 심지어 자신의 내면에도 평생에 걸쳐, 어느 날 하루, 혹은 특정한 순간이나 특정한 기분에 따라 보살핌이 필요한 부분들이 있는데, 자기 자비의 관점으로 스스로 내면의 여러 층위를 이해하고 받아주는 일도 가능합니다.

하지만 인생은 이러한 이상에 수많은 균열을 만들고, 올바른 삶의 방식인 줄 알지만 끝내 달성하지 못한 어려운 도전 과제들로 가득합니다.

우리에게 필요한 것은 이렇게 높은 기준을 세워놓고 실패했다고 착각하거나, 실제로 실패를 경험하면서 자신을 자책하고 좌절하는 것이 아니라, 부서지고 찢어진 부분을 수정하며 앞으로 나아가는 것입니다. 부서지고 찢어진 부분이란 다른 사람들과, 혹은 내면의 자아와 맺을 수 있는 최선의 관계에 균열이 생긴 것입니다.

관계를 수정한다는 것은 부서진 부분을 인정하고, 자신과 타인을 향한 공감과 연민을 형성할 수 있도록 적절한 연결고리를 새로 구축하고자 적극적으로 노력한다는 의미입니다.

————— 감정적으로 자신의 삶을 방해했던 상황에 대해 곰곰이 생각해보세요. 당신이 자기 자신이나 다른 사람과의 관계에 균열이 생겼다고 느꼈던 부분을 수정할 수 있는 방법이 있을까요? 자기 연민 때문에 최선을 다하지 못했던 모습을 떠올릴 수 있나요? 그 연민의 감정을 타인에게로 확장할 수 있을까요?

계획
세분하기

무엇을 원하는 것과 목표를 성취하기 위해 실제로 계획을 세우는 것은 큰 차이가 있습니다. 뭔가가 변하기를 원하는 것은 쉽지만 그 변화를 실제로 이루어내는 것은 훨씬 어렵습니다. 다른 회복 단계와 마찬가지로 여러 단계를 조합해서 하나의 계획을 수립하는 일은 쉬워 보일 수 있지만 생각보다 훨씬 어려운 일입니다. 때로는 목표가 감당하기 어려울 만큼 크게 느껴지고 어디서부터, 어떻게 시작해야 할지 모를 수도 있습니다. 따라서 계획의 각 단계를 자신이 충분히 감당할 수 있다고 생각될 만큼 작게 세분화하는 것이 중요합니다.

＿＿＿＿ 당신의 인생에서 지금 당장 실천할 수 있는 작은 변화가 무엇일까요. 그 작은 변화가 파급 효과를 일으켜 장차 큰 변화를 이루어낼 수도 있을까요?

핵심 신념

우리가 가지고 있는 핵심적인 것들은 너무 기본적이고 근본적인 것들이기 때문에 자신에게 그런 것이 있다는 사실조차 인지하지 못하는지도 모릅니다. 이는 평생 물속에서 살기 때문에 물이 무엇인지 알지 못하는 물고기와 비슷합니다. 물고기는 물속에서 태어나, 물속에서 호흡하고, 물속에서 번식하고, 물속에서 죽습니다. 물고기는 이 세상에 물이 없는 곳이 존재한다는 사실을 모르기 때문에 물의 존재를 깨닫지 못합니다.

이와 마찬가지로 많은 사람들이 너무 오랫동안 핵심 신념을 품고 살아온 나머지 자신에게 핵심 신념이 존재한다는 사실조차 깨닫지 못합니다.

        당신은 자신의 세계관 중 어떤 부분을 당연시하고 있나요? 태도, 가치관, 편견, 선입관 중에서 자신의 핵심 신념에서 비롯된 것은 무엇일까요? 당신은 자신이 살고 있는 '물'을 인지하기 위해 자신의 바깥세상을 내다볼 수 있나요? 이런 새로운 시각이 자신의 삶에 대해 보다 긍정적인 느낌을 가질 수 있게 도와줄 수 있지 않을까요?

용인

우리는 스트레스 요인을 없앤다고 생각할 때 끊임없이 좌
절감을 주는 직장생활, 감옥 같은 결혼생활, 밤잠을 설치
게 만드는 경제적인 어려움처럼 주로 인생의 중대한 문제
들에 초점을 맞춥니다. 하지만 오히려 사소한 스트레스
요인들을 제거하는 것이 스트레스를 완화하는 또 다른 방
법일 수 있습니다. 사소한 스트레스 요인들이 모여 만성
적인 스트레스를 유발할 수 있기 때문입니다. 자꾸 신경
에 거슬리는 말을 하는 눈치 없는 친구, 중요한 서류들을
삼켜버리는 지저분한 책상, 늘 긴장되고 두려운 주간 업
무 확인 시간 등은 견딜 만해 보이는 사소한 스트레스 요

인이지만 마음의 평화에 큰 타격을 입힐 수 있습니다.

인생 상담가들은 이것을 '용인'이라고 부르는데, 우리가 이런 스트레스 요인들을 말 그대로 용인해버리기 때문입니다. 우리가 이런 스트레스 요인들에 의식적으로 주목하지 않더라도 우리의 무의식은 스트레스를 느끼고 있습니다. 상담가들은 일반적으로 슬금슬금 자신을 좀먹도록 용인하고 있는 것이 무엇인지 그 정체를 확인해서 압도당하지 않도록 미리 제거하라고 강조합니다.

우리는 삶에서 늘 뭔가를 용인하고 있으며, 분명 그 영향을 받고 있습니다.

_____ 지금 당신의 삶에서 용인되고 있는 것들을 목록을 만들어 나열해볼 수 있을까요? 목록을 하나씩 지워나가거나, 한꺼번에 삭제하기 위해 당신은 오늘 어떤 첫걸음을 내딛을 수 있을까요?

안전감

부모자식 관계는 깊은 애정과 공감을 키우게 하지만, 자기방어적인 감정을 유발하고 '부모답지 못한' 충동을 일으킬 때도 있습니다. 애정과 신뢰는 일종의 '안전감'에 뿌리를 두는데, 이것은 안전하다고 머리로 아는 것과는 다른, 보다 원초적이고 본능적인 감각입니다. 공감 위주의 양육을 일관되게 지속하기 위해서는 잔잔한 기쁨을 느낄 때나 갈등에 부딪힐 때나 한결같이 본능적으로 느끼는 확고한 안전감을 바탕으로 친밀하게 소통해야 합니다.

사랑은 다른 사람에게 열려 있는 상태이기 때문에 우리의 머리와 신체에서 자기방어적이고 폐쇄적인 태도와

대립합니다. 좋은 양육은 아이와 함께하는 대부분의 시간 동안 개방적인 태도로 아이들과 계속 연결되어 있을 수 있는 능력을 요구합니다. 이를 위해서는 불안감 때문에 타인과 단절되어 있고 싶은 자기방어적 욕구를 극복해야 합니다.

_____ 당신은 경계심을 풀고 자녀들을 기꺼이 받아들일 마음이 있나요? 오늘은 자녀들과의 관계를 되돌아보고 얼마나 건강한 관계를 맺고 있는지 평가해볼 수 있을까요? 만약 뭔가 잘못돼 있다고 느낀다면 용기를 내어 문제에 다가갈 수 있나요?

삶을 온전히 살아낸다는 것은

인생에 일어나는 모든 일을

포용한다는 의미입니다.

간절한가요?

자기주장이 성공을 보장하진 않습니다. 하지만 자신이 원하는 것을 얻을 수 있는 최선의 기회를 줍니다. 결과적으로는 자신이 원하는 것을 얻을 수도 있고, 얻지 못할 수도 있습니다. 그렇지만 적어도 자신이 추구하는 것을 위해 할 수 있는 모든 일을 다 했다는 자기 확신을 얻을 수는 있습니다.

_____ 자신이 원하지만 갖지 못한 것이 무엇인지 생각해보세요. 당신은 그것을 손에 넣기 위해 자기 능력의

최대치를 활용하고 있나요? 만약 그렇지 않다면, 무엇이 당신을 가로막고 있나요? 어쩌면 당신이 그것을 간절하게 원하지 않는다는 의미일지도 모릅니다. 이 가정이 사실인지 곰곰이 생각해보고, 만약 그렇다면 그 사실을 인정할 수 있는 용기를 가지세요. 그게 아니라면, 자신이 가진 모든 자원을 활용하여 원하는 바를 추구할 수 있는 용기를 내세요.

시각
전환하기

인간은 문제를 발견하는 데 특화된 것처럼 보입니다. 일이 잘 풀리지 않을 때는 더욱 그렇습니다. 아마도 생존하기 위해 발달된 성향일 것입니다. 만약 우리가 살금살금 다가오는 호랑이를 발견하지 못했거나 불에서 나는 타는 냄새를 맡지 못했다면 우리는 진화 과정에서 이미 멸종했을지도 모릅니다. 우리는 이러한 타고난 성향을 상쇄시키기 위해 의식적으로 현재나 과거의 좋은 일에 주목할 필요가 있습니다. 문제 위주의 시각에서 감사 위주의 시각으로 전환하면 자신의 경험을 변화시킬 수 있습니다. 또 문제에 접근하고 문제 해결에 에너지를 쏟을 수 있는 마음의 평화를 얻는다는 점에서 변화에 용이한 조건을 갖출 수 있습니다.

_____ 진심으로 자신이 감사 위주의 시각을 갖고 있다고 말할 수 있나요? 만약 그럴 수 없다면, 한동안 자신을 괴롭혀온 상황에 대해 잠시 생각하는 시간을 가지세요. 자신에게 큰 부담을 안겨주고, 바뀔 수 있다는 희망도 느껴지지 않는 상황이 가장 적합합니다. 상황의 전말을 살펴보고 어떤 좋은 점을 발견할 수 있는 방법이 있을까요? 그 상황의 어떤 측면에 감사하는 마음을 가질 수 있을까요? 조그만 감사의 조건을 하나라도 발견한다면 캄캄한 어둠 속을 지날 때 그것을 꼭 붙잡고 의지하세요. 그 감사가 모든 것을 바꾸진 못하겠지만 당신의 감정에 작은 변화를 가져와 절망감을 덜어줄 수는 있습니다.

도움의
이유

모든 연령대의 사람들이 때에 따라 도움을 필요로 합니다. 조지 워싱턴 카버는 도움의 필요성에 대해 언급한 바 있습니다. "당신이 인생에서 얼마나 멀리 갈 수 있는지는 젊은이에게 베푸는 친절, 노인에 대한 배려, 어려움을 겪는 사람을 향한 연민, 강자나 약자를 대하는 관대한 태도에 달려 있습니다. 왜냐하면 당신도 언젠가 이 모든 일을 겪을 것이기 때문입니다."

_____ 어떤 사람에게는 자신이 도움을 필요로 한다는

사실을 인정하는 것이 쉽지 않습니다. 당신도 그런 사람들 중 하나라면 오늘 하루 동안은 누군가가 도움을 제안할 때 받아들이려고 노력해보세요. 아니면 도움이 필요하다고 느낄 때 다른 사람에게 도움을 요청해보세요. 이런 태도가 어떤 차이를 만들어내는지 주목해보세요.

서로
경계 풀기

부부 사이에도 따뜻한 손길과 애정을 갈망하는 자신의 가장 연약한 부분을 상대에게 애써 감추며 드러내지 않으려고 억제하는 경우가 있습니다. 두 사람이 경계를 풀고 핵심 감정을 드러내기 시작한다면, 또 그 과정에서 서로의 말을 귀 기울여 듣는다면, 가족의 일원으로 함께 살아가면서 겪을 수밖에 없는 문제들을 논의를 통해 해결해갈 수 있습니다. 이러한 관계의 변화는 문제를 단계적으로 해결하게 하고, 이 과정을 통해 두 개인이 한 부부로 친밀하게 결속하게 합니다.

_____ 당신은 극심한 분노와 불협화음이 생기는 상황에서도 배우자에게 자신의 약점을 감추지 않고 자기 모습을 있는 그대로 드러낼 수 있나요. 어떻게 해야 화가 날 때에도 상대방에게 열린 태도를 유지할 수 있을지 자문해보세요.

회복

어떤 사람들은 회복이라는 단어를 모든 증상이 사라지고 절대 재발하지 않는다는 의미로 사용하고, 또 어떤 사람들은 치유라는 의미로 사용하기도 합니다. 사실 회복은 병에 걸렸을 때보다 인생살이를 통해 더 많이 경험하게 되는 과정입니다.

회복이란 계속 증상을 안고 살아갈지라도, 단순히 병원의 고객인 환자로 살 때보다 인생의 더 많은 것을 경험하는 사람으로 변하는 과정입니다.

회복은 병을 뛰어넘어 자신이 누구인지 발견하고, 자신이 누구인지 선택하고, 어떤 사람이 되고 싶은지 결정하는 과정입니다. 또 자기 질병과 연관된 여러 문제에도 불구하고 최대한 충만한 삶을 누리는 과정입니다.

회복은 어떤 삶을 살고 싶다는 자신만의 목표를 세운 다음, 그 목표를 달성하기 위해 노력하는 것입니다.

_____ 당신에게 회복은 어떤 의미인가요? 그것을 회복하는 데 얼마나 오랜 시간이 걸릴까요? 자기 삶의 경험을 어떻게 변화시키고 싶은가요? 그 변화를 이루어내기 위해 어떤 목표들을 세울 수 있을까요?

상황
흔들기

변화에 저항하는 시스템은 자동적으로 격렬하게 반응하기 때문에 자신을 웃음거리로 삼을 수 있는 능력, 또는 정서적인 반응에 약간의 경쾌함을 더하는 능력과 같은 직간접적인 전략들을 발달시킬 필요가 있습니다. 유머는 상황의 심각성을 완화하고 새로운 관점을 제시하는 가장 효과적인 방법 중 하나입니다. 이익이 상충되는 관계, 틀에 박힌 생활, 오래된 꼬리표, 굳어진 패턴은 자신이 덫에 걸린 기분이 들게 만들고, 상황을 너무 심각하게 받아들여 유머 감각을 잃어버리게 합니다. 빈정거리지 않는 상냥하고 기발한 유머로 상황을 새롭게 정의한다면 어려운 도전의 부담감을 완화시켜 고정된 상황을 흔들 수도 있습니다. 물론 유머와 빈정거림은 한 끗 차이이기 때문에 항상 애정과 친절을 바탕으로 한 유머를 사용하도록 주의해야 합니다.

_____ 당신은 필요한 순간에 유머를 적절히 활용할 수 있나요? 치유를 위한 여백을 갖기 위해 분위기를 조금 가볍게 만들 수 있나요? 이번 주에는 꽉 막힌 상황에 한 줄기 새로운 빛이 필요할 때 유머를 사용해보겠다고 결심해보세요. 이런 노력이 더 많은 가능성을 발견할 수 있는 새로운 시각을 열어주는지 주목해서 보세요.

인정과
선택

건강한 사람들은 생각하는 방식, 느끼는 방식, 행동하는 방식을 조화롭게 조정해서 자기 성격이라고 하는 것을 형성합니다. 이런 사람들은 과거에 훌륭한 양육을 받았든, 힘든 유년시절을 보냈든, 현재 자신의 모습은 자기 책임이라는 사실을 인정합니다. 그들은 강점을 자랑하며 자신을 부풀리지도 않고, 약점 때문에 자신을 비하하지도 않습니다. 그들은 차분하고 한결같은 자아감을 갖고 있습니다. 그들은 자신의 강점에 감사하고 부족한 부분을 인정합니다. 어떤 부분에 개선이 필요한지 늘 인지하면서도 효과적인 부분에 집중하기로 선택합니다.

_____ 위의 내용에 비춰볼 때 자신을 건강한 사람이라고 말할 수 있을까요? 만약 그럴 수 없다면, 건강한 사람이 되기 위해 자신과의 관계를 어떻게 변화시켜야 할까요? 친한 친구들이 당신의 강점으로 꼽은 것들을 목록으로 만들어보세요. 당신은 자신이 이런 특징들을 갖고 있다는 사실을 알고 있었나요?

자기 용서

우리는 다른 사람을 용서할 뿐 아니라 자기 자신도 용서할 수 있습니다. 모든 사람은 실수하기 마련입니다. 누구나 목표 달성에 실패했거나, 판단에 오류가 있었거나, 어리석은 행동을 했다는 이유로 자책하고 실망감, 수치심을 가졌던 기억이 있습니다. 이런 잘못들은 자괴감을 갖게 하고 비참한 기분에 빠지게 만듭니다. 하지만 이런 종류의 자기비하가 만성적으로 반복되면 부정적인 생각과 후회가 일상화되어 심각한 정서적 손상을 가져올 수 있습니다. 자기 용서를 훈련하면 실수와 문제가 만연한 불완전한 세계를 살아가는 불완전한 존재로서 나 자신을 이해하고 통찰하는 능력을 기를 수 있습니다.

_____ 후회스러운 과거의 행동에 대해 생각해보는 시간을 가지세요. 그런 행동을 했던 자신을 용서할 수 있나요? 만약 용서하지 못한다면, 무엇이 당신의 마음에 안식을 줄 수 있을까요? 당신을 응원하는 친구가 자신의 행동에 대해 이야기한다고 상상해보세요. 누군가가 당신의 행동을 사랑과 연민의 관점으로 설명해줄 때 마음이 편안해지는 것을 느끼지 않나요?

회복력
키우기

모든 형태의 스트레스는 몸과 마음의 건강을 해칩니다. 이것이 강인함과 회복력의 초점이 일상생활 속 스트레스를 소화하고 순환시키는 내외부적 요인을 밝히는 데 맞추어져 있는 이유입니다. 이 과정에서 개인이 삶에 보다 온전하게 참여하고 자신의 선택에 책임을 지는 모습이 나타납니다. 결과적으로 회복력과 강인함을 배우면 보다 긍정적인 태도를 갖게 되고 역경이 닥쳤을 때 문제를 해결하는 능력을 기를 수 있습니다.

_____ 당신은 일상생활의 스트레스를 효과적으로 관리하고 있나요? 만약 그렇지 못하다면, 자신이 어떤 방식으로 스트레스를 허용하고 있는지, 어떻게 삶의 여러 양상들을 통제하고 있는지 생각해본 적이 있나요? 성공적으로 스트레스를 관리하기 위해 이 책에 소개된 것과 같은 명상훈련을 매일 실천해볼 수 있을까요?

성숙한 대인관계

적극적인 사람들은 자기주장이 강하기 때문에 긍정적인 자아감을 정확하게 드러냅니다. 그들은 자신의 말이 가치 있다는 사실을 알고 있습니다. 적극적인 자기주장은 성숙한 대인관계 기술의 1/3을 차지합니다. 또 다른 1/3은 다른 사람의 말을 경청하는 능력입니다. 나머지 1/3은 협상 과정을 통해 상대방과 협력할 수 있는 능력입니다.

_____ 당신은 자기주장을 하는 것이 다른 사람의 의견을 듣는 것만큼 편안하게 느껴지나요? 다른 사람들과 편

안하게 협력하는 편인가요? 이런 기술들을 균형 있게 계발하는 것이 온전한 사회관계의 핵심입니다. 만약 자신에게 다른 부분에 비해 덜 발달된 부분이 있다면 어떻게 균형을 맞출 수 있을까요?

안정적
파트너

안정적인 파트너는 관계의 안정성이 흔들릴 때 기민하게 알아채고, 인내심을 발휘하고, 자신이 원하는 것을 명확하게 표현하고, 용기 있게 상대방에게 손을 내밀 줄 압니다. 이런 태도가 상대방의 반응 능력을 극대화시킬 수 있습니다.

_____ 이전에 배우자나 연인과 싸웠던 경험을 떠올려 보세요. 당신은 상대의 마음에 다가가기 위해 자신의 상처 입은 감정을 뛰어넘을 수 있었나요? 다음번에 다툼이

생기면 자신이 먼저 상황을 바로잡기 위한 첫걸음을 내딛겠다고 다짐할 수 있나요? 당신이 첫걸음을 내딛을 때 자신의 기분이 어떻게 변하는지, 얼마나 쉽게 화해가 이루어지는지 주목해보세요.

평생
해야 할 일

당신이 누군가(가족, 연인, 친구, 지인)에게 잘못을 했거나 다른 사람의 마음을 상하게 했을 때 관계를 회복하기 원한다면 용서를 구해야 합니다. 당신의 마음을 상하게 한 누군가에게도 같은 원칙이 적용됩니다. 행복하게 살기 원한다면 당신은 평생에 걸쳐 다른 사람을 용서하고, 또 다른 사람에게 용서를 구해야 합니다. 용서가 없다면 다른 사람들과 함께 조화롭게 살아가는 것이 전혀 불가능하진 않겠지만, 몹시 어려울 것입니다.

용서는 여러 측면에서 경쟁심과 대립되는 개념입니다. 용서는 다른 사람들의 욕구를 고려하고 화해하는 과정을 포함합니다. 또 개인의 욕구보다 집단의 욕구를 우선시합니다. 용서는 긍정적인 정서적 연대를 강화하여 사람들의 마음을 한 데 모으는 역할까지 포괄합니다. 용서에는 승자와 패자가 없습니다. 모든 사람이 승자이고, 모든 사람이 상을 받습니다.

_____ 지금 당신이 실수를 저지른 다른 사람을 용서할 권한을 가질 만큼 '올바르다'는 생각을 내려놓을 수 있을까요?

당신이 늘 용서를 구하고 싶었던 사람이 누구인지 생각해보고, 어떻게 대화를 시작할 수 있을지 숙고해보세요.

영향을
받다

기꺼이 다른 사람의 영향을 받겠다는 뜻은 분쟁을 피하기 위해 다른 사람에게 굴복하거나 '맞춰준다'는 의미가 아닙니다. 상대방이 논의와 해결에 기여하는 부분이 있음을 인정하고, 상대에게 새로운 점을 배우기 위해 변화를 기꺼이 수용한다는 의미입니다. 상대의 소망이나 아이디어를 존중하여 자신의 행동이나 생각을 조정하는 것입니다.

_____ 당신이 다른 사람의 아이디어에 마음을 잘 열지 못하는 편이라면, 다음번에 다른 사람이 뭔가를 제안할

때 진정 열린 마음으로 귀를 기울이겠다고 자신에게 약속하세요. 형식적으로 인정하는 척만 하지 말고 다른 사람의 의견을 진지하게 고려해서 실제로 시도해보세요. 이런 노력이 어떻게 당신의 마음을 열 수 있을까요?

심상화 명상
길잡이

MORNING MEDITATIONS

이 장에 나오는 심상화 예시들은 명상 훈련에 도움이 되는 구체적인 길잡이를 해주기 위해 고안되었습니다. 제시된 내용만 따라 해도 좋고, 다른 명상법과 함께 활용할 수도 있습니다. 앞의 〈아침 명상〉 부분과는 달리, 시간을 따로 마련하여(짧게는 단 몇 분, 길게는 30분 정도) 자리를 잡고 앉아서 수련할 필요가 있습니다.

기본 호흡

호흡은 자동적인 신체 기능이지만 임의로 변화시킬 수 있습니다. 무엇보다도 호흡의 속도를 바꾸면 다른 활동이 없이도 기분을 바꿀 수 있습니다. 한번 실험해봅시다.

가슴 윗부분을 들썩이며 입으로 빠르고 얕게 호흡하세요. 얼마나 빨리 신체에 변화가 감지되는지 주목해보세요. 근육의 긴장도가 올라가고 불안하고 불편한 기분이 느껴질 것입니다. 호흡의 속도를 높임으로써 교감 신경계를 자극했기 때문입니다.

교감 신경계가 스트레스를 받으면 호흡이 빨라지고 얕아집니다. 심장박동이 빨라지고, 체내에 스트레스 호르몬이 분비되기 시작합니다.

이제 콧구멍을 통해 숨을 천천히 깊게 들이마시고 복부를 최대한 부풀린 다음, 숨을 내쉬면서 복부가 천천히 고르게 내려가는 것을 의식해보세요. 온몸에 밀려오는 평온한 기분을 느껴보세요. 호흡의 속도가 느려질 때 부교감 신경계가 자극되기 때문에 오는 현상입니다.

물방울 기법

조용히 앉아 눈을 감아보세요. 자신이 물속에서 충분한
공기를 공급받으며, 전혀 긴장하지도 않고, 가라앉지 않
으려고 애쓰지도 않고 둥둥 떠다니고 있다고 상상하세요.
어떤 생각이 떠오를 때마다 그 생각을 물속의 공기방울이
라고 상상하고, 방울이 떠다니다가 사라지는 모습을 그냥
지켜보세요. 물속 풍경도, 자신의 생각도 잠잠해질 때까지
떠오르는 모든 생각을 계속 물방울로 만드세요. 강기슭에
앉아 굴러가는 통나무를 바라보는 이미지나, 모닥불 앞에
앉아 피어오르는 연기가 공기 중으로 흩어지는 모습을 바라
보는 이미지도 똑같은 방식으로 활용할 수 있습니다.

지평선 상징

자신을 진정시키고 평온하게 만들어주는 대상을 떠올려보세요. 대상의 이미지를 저 멀리 지평선 끝에 보일 듯 말 듯한 모습으로 심상화하세요. 당신이 10부터 1까지 거꾸로 숫자를 세는 동안 이미지가 자신에게 점점 더 가까이 다가온다고 상상하세요. 이미지가 가까워질수록 대상은 더욱 선명하게 눈에 들어옵니다. 아울러 대상이 가까이 다가올수록마음이 진정되는 효과를 느낍니다. 1을 세는 순간, 당신은대상과 아주 가까워져서 손을 뻗어 만질 수 있을 정도입니다. 대상의 이미지가 이렇게 가까워질 때 얼마나 위안과 힘을 얻는지 주목해보세요.

보호막

눈을 감은 채 자신의 신체 중 안도감과 자신감이 느껴지는 특정 부위를 떠올려보세요. 지금 그런 감정을 느끼지 못한 다면 과거에 안도감과 자신감을 느꼈던 시절을 되돌아보세요. 그리고 신체의 어느 부위에서 그런 느낌이 가장 강렬했는지 기억해보세요. 신체의 느낌과 연관된 색깔을 상상하세요. 이제 그 느낌이 신체의 특정 지점에서 빛줄기처럼 퍼져 나가는 모습을 마음속에 그리세요. 빛줄기가 자신의 온몸을 둘러싼 '보호막' 안을 가득 채우도록 하세요. 다른 사람들이 말로, 물리적으로 당신을 해치려고 할지라도 자신은 '보호막'에 의해 보호받고 있다고 상상하세요. '보호막'을 잠시 옆에 치워두거나, 작은 틈을 열어서 자신이 환영하는 대상을 안으로 들인 다음, 다시 막을 닫아서 자신을 보호하는 방식을 실험해보세요.

세 명의 협조자

명상을 시작하기 전에 과거에 당신을 도와주었던 조력자들을 잠시 생각해보세요. 이제 조용히 앉아서 깊고 편안하게 호흡해보세요.

유난히 슬펐던 유년시절의 경험을 하나 떠올려보세요. 그리고 방금 이야기한 조력자의 모습을 상상하세요. 어떻게 하면 조력자가 그 순간에 당신을 도와줄 수 있었을지 마음속에 정확하게 그려보세요. 이제 내면에 집중하고, 과거의 슬픈 장면 속에 당신의 조력자가 함께함으로써 어떤 효과가 발생하는지 주목해보세요.

이번에는 유난히 자랑스럽고 신나는 감정을 느꼈던 시간을 떠올리고, 같은 심상화 명상을 반복하세요. 조력자가 당신에게 호응해준다고 상상하세요.

마지막으로 분노와 좌절감을 느꼈던 상황을 떠올리고, 이 방법을 반복하세요. 당신이 그 상황을 극복할 수 있도록 조력자가 도와주고 있다고 상상하세요.

떨어지는 나뭇잎

맞은편 벽의 한 지점을 응시하세요. 그 지점에 나뭇잎 한 장을 그려보세요. 숨을 쉴 때마다 20부터 1까지 숫자를 거꾸로 세면서 나뭇잎이 바닥을 향해 천천히 흔들리며 떨어지는 모습을 지켜보세요. 1을 세는 순간, 나뭇잎이 바닥에 닿고 마음 깊이 편안한 감정을 느낍니다.

열 개의 촛불

눈을 감고 당신 앞에 불이 밝혀진 열 개의 촛불이 일렬로 줄지어 있다고 상상해보세요. 어떤 모양, 어떤 색깔이든 상관없습니다. 숨을 내쉬면서 자신이 촛불 하나를 불어서 끈다고 상상하세요. 연이어 숨을 내쉴 때마다 촛불을 하나씩 불고, 촛불이 하나씩 꺼질 때마다 점점 더 편안한 감정을 느낍니다. 모든 촛불이 다 꺼지면 방 안의 고요하고 평화로운 분위기를 즐기세요.

성공과 과정의
심상화

명상을 시작하기 전에, 당신이 가까운 미래에 직면할 가능성이 있으며, 과거보다 성공적으로 대처하고 싶은 상황을 하나 선택하세요. 운동 경기, 대중 연설, 약물 사용 유혹, 가족 치료 시간 등이 예시가 될 수 있습니다.

이제 눈을 감고 숨을 내쉴 때마다 10부터 1까지 숫자를 천천히 거꾸로 세어보세요. 이번에는 미래의 상황을 시각, 청각, 미각, 생각과 느낌까지 최대한 생생하게 상상해보세요. 그 일을 성공적으로 해내는 자신의 모습을 슬로모션 동영상을 보듯이 찬찬히 관찰해보세요. 보다 성공적으로 일을 해내기 위해 어떤 단계들을 거치는지 주의 깊게 살펴보세요. 상상 속의 성공을 반드시 현실화하는 것을 잊지 마세요. 전체적인 성공을 이루어내는 데 뒤따르는 사소한 실패들도 상상 속에 포함시킬 수 있습니다. 자신이 일을 성공적으로 수행하는 모습을 보다 선명하게 상상할수록 같은 일을 현실에서 해낼 가능성도 더 높아집니다.

이 심상화는 반복적인 연습이 필요합니다.

계단

열 개의 계단 맨 위에 서 있는 자신의 모습을 상상해보세요. 어떤 종류든 당신이 원하는 형태의 계단을 상상하면 됩니다. 10부터 1까지 숫자를 거꾸로 세면서 매 호흡마다 계단을 한 칸씩 걸어 내려오는 자신의 모습을 상상하세요. 계단을 한 칸씩 내려올 때마다 점점 마음이 편안해지는 것을 느끼세요.

원한다면, 계단을 내려와 개인적으로 특별한 의미가 있는 장소에 도착한다고 상상하면서 명상을 계속 이어갈 수 있습니다. 마음속의 장소를 탐험해보세요.

생각 벗어나기

이번에는 머릿속의 잡생각을 잠재우기 위해 평화로운 이미지를 이용하여 심상화 명상을 훈련해봅시다. 제시된 몇가지 장면 중에서 개인적으로 의미 있게 다가오는 것을 자유롭게 활용하면 됩니다.

편안한 자세로 앉거나 누워보세요. 그리고 눈을 감으세요. 마음은 큰 강이고, 생각들은 강물을 따라 떠내려가는 작은 나뭇잎이나 나뭇가지라고 생각하세요. 강둑에 서서 생각을 상징하는 나뭇잎과 나뭇가지들이 떠내려가는 모습을 지켜보세요. 지나가는 모습을 그저 관찰할 뿐 주의를 기울이진 않습니다. 같은 과정을 반복해보세요. 떠오르는 잡념을 알아차리고, 잠시 생각하고, 최대한 빨리 떨쳐버리고 다시 명상에 집중하세요. 집중력을 유지하는 것이 관건입니다. 결국 의식의 흐름이 맑아지고, 생각이 맑아짐에 따라 새로운 나뭇잎이나 나뭇가지도 더 이상 나타나지 않습니다. 명상을 지속하면서 고요히 흐르는 강물을 바라보세요.

만약 잡생각이 의식의 흐름에 끼어들면 방해받았다는 사실을 인식하고 잠깐 그것에 대해 생각한 후에 흘려보내세요. 다시 주의를 집중하고, 강물의 흐름을 멈출 준비가 될 때까지 차분히 관찰하세요.

푸른 초원이 끝없이 펼쳐지는 언덕의 이미지를 이용해 명상에 도움을 받는 사람들도 많습니다. 맑고 푸른 하늘이 넓은 언덕의 초원과 맞닿아 있습니다. 모든 것이 고요하고 평화롭습니다. 너무 고요해서 자기 심장박동 소리가 들릴 정도입니다. 저절로 몸의 근육이 조금 이완됩니다. 풍경 속 색채들이 마음을 진정시켜주고, 부드러운 바람이 불어옵니다.

이렇게 평화로운 장면을 바라보는 것만으로도 생각의 흐름이 느려지고 차분하고 정적인 느낌을 경험하게 됩니다. 아무것도 하지 말고 그냥 그 장면을 즐기세요.

감정 경험하기

당신이 불편한 감정을 경험했던 때를 기억해보세요. (두려움이나 분노, 그 어떤 감정이든 좋습니다.) 과거의 불편한 감정을 기억해냈다면, 그 감정을 증폭시켜보세요. 감정을 더욱 강렬하게 느끼려고 노력해보세요. 그 감정들이 떠오르게 내버려두세요. 그때 당신이 어디에 있었는지 떠올리세요. 그 감정이 어떻게 촉발되었는지, 무엇을 느꼈고, 어떤 생각을 했는지 기억해보세요. 이런 감정들을 떠올리는 것은 결코 나쁜 일이 아닙니다. 충분히 시간을 투자해서 언제 그런 감정이 촉발되었고, 자신이 언제 격한 반응을 보였는지 기억해내세요. 세부적인 기억까지 끄집어내세요. 당장 그때로 돌아가서 당시의 감정을 다시 경험해보세요. 이제 한걸음 뒤로 물러서서 그런 감정을 느낀 자신을 비난하거나 비하하지 않고, 판단의 잣대를 내려놓은 채 자신의 감정을 관찰해보세요. 공정한 관찰자나 흥미로운 현상을 관찰하는 과학자처럼 판단을 내려놓고 감정을 수용하세요. 그저 감정을 알아차리고 관찰하세요. 일종의 무언의 목격자가 되어보세요. 자신의 감정에 반응하지도, 자책하지도 말고 그냥 관찰하세요. 깊은 호흡을 몇 번 반복하세요.

이번에는 잠시 시간을 내어 다시 차분해지는 느낌에 주목해보세요. 마음이 점점 더 고요해지는 것을 지켜보면서 주의를 집중하세요. 자신의 마음을 가만히 지켜보면 머지 않아 고요함이 찾아올 것입니다. 자신의 감정을 가만히 지켜보세요. 그리고 주의를 기울이세요. 다루기 힘들었던 강렬한 감정이 점차 순화되면서 자신의 마음속에서 크게 중요하지 않은 문제로 변해가는 것을 분명하게 느낄 수 있을 것입니다.

이 수련을 인내심 있게 지속하면 머지않아 명상에 능숙해져서 수련을 진행하는 동안 떠오르는 생각과 감정을 부드럽게 전환하는 능력을 계발할 수 있게 될 것입니다. 더불어 우리 삶에 늘 등장하는 피할 수 없는 감정의 소용돌이에 지나치게 동요하지 않고 잘 통제하는 능력을 기를 수 있습니다.

오케이 의식

한쪽 손의 엄지와 검지로 오케이OK 사인을 만들어보세요. 엄지와 검지가 닿는 것을 느낄 때마다 자신은 정말로 안전하고, 지금은 모든 것이 괜찮다는 사실을 상기할 수 있습니다. 자신이 정말로 괜찮다는 사실을 스스로 상기해야 할 때 오케이 사인을 사용할 수 있다는 것을 기억하면 마음의 위안이 될 수 있습니다.

당신에게는 문제를 처리할 수 있는 능력이 있습니다. 편안한 마음으로 앉아서 자신의 의식을 현재의 순간에 연결시키고, 자신이 이 순간을 이겨내고 있다는 부인할 수 없는 사실을 인지합니다. 물론 다음 순간도 잘 이겨낼 수 있을 것입니다. 그리고 지금 이 순간, 당신이 정말로 괜찮다는 사실을 상기합니다. 매 순간 현재에 대한 인식을 회복할 수 있다면 당신은 혼란 속에서도 자신감을 잃지 않을 것입니다. 일시적으로 균형이 무너지는 경험을 하더라도 그냥 엄지와 검지를 모아서 이 순간 모든 것이 괜찮다는 사실을 인정하면 됩니다. 그것이 사실이기 때문입니다.

공황 내보내기

통제력을 잃을 것 같다는 두려움, 가슴이나 배의 불편감, 뭔가 안 좋은 일이 생길 것 같은 불길한 예감을 경험하기 시작한다면 잠시 자신을 다독이는 시간이 필요하다는 신호일 수 있습니다. 마음을 가다듬고, 아무것도 판단하지 않고, 그 순간을 있는 그대로 받아들이세요. 그리고 마음을 진정시켜줄 이 문구를 마음속으로 되뇌어보세요.

"나는 이 공황의 감정을 잘 알고 있습니다. 나는 공황 상태로 호흡합니다. 나는 공황 상태로 빠져듭니다. 나는 공황의 감정을 내보냅니다."

이런 식으로 자신의 몸과 마음이 스스로를 표현하고

필요한 일을 하도록 내버려둡니다. 그러면 당신은 모든 감정이 일시적으로 왔다가 사라지며, 제한된 시간이 끝나면 덧없이 흘러가버린다는 확신을 얻고 편안해질 수 있습니다.

긴장 이완하기

당신의 불편한 감정들이 모두 자신의 한쪽 손에 모인다고 상상해보세요. 그 손으로 주먹을 쥐세요. 꽉 쥐어보세요. 팽팽한 근육의 긴장을 느껴보세요. 긴장을 극대화하세요. 주먹을 더 세게 꽉 쥐세요. 더 세게… 더 세게… 좋습니다.

이제 괴로움을 상징하는 색깔을 하나 선택하고, 자신의 주먹에 느껴지는 긴장을 그 색깔을 띤 액체로 만드세요. 걱정… 분노… 당신의 몸에서 느껴지는 모든 불편한 감정들을 고유한 색깔을 띤 액체로 만드세요. 그런 다음 천천히… 조금씩… 주먹에 힘을 풀고 색색깔의 액체들이 바닥으로 흐르게 놓아두세요… 바닥 아래로 흡수되도록… 아래로, 아래로 흘러 건물 바닥의 흙으로 흡수되도록… 그곳의 흙에서 액체가 정화되고, 저 먼 곳으로 방출됩니다. 당신에게서 멀리 떨어진 곳으로….

긴장과 이완의 차이를 충분히 느꼈나요? 원한다면 주먹을 꽉 쥐었다가 펴는 과정을 다시 반복해도 좋습니다. 다시 한번 긴장과 이완의 차이에 주목하면서. 아마도 당신은 불편한 감정이 줄어들거나 완전히 사라졌음을 깨닫고, 한결 가벼워진 마음으로 기뻐하게 될 것입니다.

강인함 일깨우기

우리 안에는 겁 많고 유약한 어린애 같은 부분부터 성숙하고 강인한 어른스러운 부분까지 다양한 모습이 있습니다. 우리 안의 다양한 모습은 발달 단계의 변화 과정과 여러 경험들이 반영된 결과입니다. 그러므로 두려운 상황에서 자신의 성숙한 면모가 발현되는 것은 지극히 당연한 일입니다. 위험에 노출됐다고 느끼면 자신을 책임질 수 있는 성숙하고 강인한 자아에 의지하기 마련입니다. 당신은 강인하고 성숙한 자아를 이끌어내 자기 안의 미성숙한 자아를 진정시키고, 문제 상황에 합리적이고, 차분하고, 용감하게 대처할 수 있습니다. 자신의 내면에 강인하고, 안정되고, 성숙하고, 어른스러운 자아가 항상 함께하고 있다는 사실을 잘 알기 때문입니다. 당신이 잊고 있을 때조차 그는 항상 거기 있습니다. 그 자아는 당신 안에 항상 존재합니다. 그리고 지금이 자신의 내면에서 성숙하고 발전된 자아를 이끌어낼 완벽한 타이밍입니다. 잠시 시간을 내어 내면의 어른스럽고, 강인하고, 안정되고, 용감한 자아에 접근하려고 노력해보세요.

이제 자기 안의 가장 지혜로운 자아가 무슨 말을 하는지 가만히 기다려보세요. 가장 성숙하고, 강인하고, 견고하고, 영적인 존재를 불러내세요. 때로는 말 대신 어떤 이미지가 떠올라 무의식이 지혜롭고, 강인하고, 어른스러운 자아에 연결되도록 도와줄지도 모릅니다. 당신의 강인함과 성숙함을, 따뜻한 연민의 마음을, 진정으로 느끼세요. 당신이 가진 모든 훌륭한 자질을 발휘하여 무력하고 유약한 자기 자아의 눈을 바라보고, 손을 잡아주면서, 괜찮다고 다독여주세요. 연약한 자아가 힘들어 하는 부분을 도와주겠다고, 혼자가 아니라고 안심시켜주세요.

기본적인 휴식

하루 중 에너지가 가라앉는다고 느껴지는 시간을 골라 눈을 감고 편안하게 앉으세요. 당신의 호흡에 주목하면서 편안하고 안정적인 리듬을 유지하세요. 그런 다음 자신의 몸 전체를 살펴보고 불필요한 긴장감이 느껴지는 부분이 있다면 이완시키세요. 몸이 의자에 어떻게 닿아 있는지, 발이 바닥에 어떻게 놓여 있는지 느껴보세요. 의자와 바닥이 당신의 몸을 지탱하고 있음을 느끼고 편안하게 받아들이세요. 자신의 감정이 어떤 상태인지 주시하고 긴장을 느낀다면 자아를 진정시키고, 피곤하다면 자아에 활기를 불어넣으세요. 자기 본연의 리듬에 맞춰 조화롭게 살아갈 때 더 많은 일을, 더 훌륭하게 해낼 수 있다는 사실을 믿으세요. 매일 주기적으로 이렇게 1, 2분 간의 짧은 휴식 시간을 가지세요. 시간을 많이 뺏기지 않으면서도 당신이 필요한 부분에 다시 접속할 수 있도록 도와줄 것입니다.

연못 이완법

이 심상화를 시작하면 머릿속을 어지럽히는 잡생각들이 자연스럽게 사라지는 경험을 할 수 있습니다. 눈을 감고 조용히 앉으세요. 지금 연못가에 앉아 있다고 상상하세요. 연못은 생동감이 넘칩니다. 개구리가 울고, 귀뚜라미가 노래하며, 새들이 연못 위를 날아다닙니다. 물고기 한 마리가 물 위로 뛰어올라 벌레를 잡아먹고는 첨벙 소리를 내며 다시 물속으로 들어갑니다. 잠시 뒤 연못의 다른 지점에서 다시 뛰어오릅니다. 바람이 물위를 스치자 연못 바닥에서 흙탕물이 일어납니다. 모든 것이 움직이고 있습니다.

그러다 점차 하루가 흘러가면서 조금씩 상황이 변하기 시작합니다. 바람이 잠잠해집니다. 개구리들은 낮잠에 빠지고, 귀뚜라미들은 조용해졌으며, 새들도 나뭇가지에 자리를 잡고, 물고기는 뛰어오르는 것을 멈추고 가만히 기다립니다. 연못은 고요합니다. 진흙이 연못바닥에 가라앉자 잔물결을 일으키던 흙탕물이 수정처럼 맑아져 연못 주변의 풍경을 반사하고 있습니다. 모든 것이 정적에 잠겨 있습니다. 그 순간, 개구리 한 마리가 연못으로 뛰어듭니다. 첨벙! 이 장면을 생생하게 상상해보세요. 그 순간에 계속 집중하세요.

반대 감정 느끼기

만약 당신이 분노, 슬픔, 억울함 등의 감정 때문에 어려움을 겪고 있다면 반대의 감정을 떠올려보세요. 분노를 느낀다면 아마도 연민이나 사랑이 분노에 반대되는 감정일 것입니다. 슬픔이라면 행복, 억울함이라면 감사가 반대 감정일 것입니다. 자신의 감정이 어떤 뉘앙스를 갖느냐에 따라 당신에게 맞는 반대 감정이 무엇인지 결정됩니다.

반대되는 감정이 무엇인지 인지했다면 문제의 감정이 주로 유발되는 상황에서 이 반대 감정을 느낀다고 상상해보세요. 만약 당신이 누군가에게 억울한 감정을 느낀다면,

그에게 감사할 수 있는 부분은 무엇이 될까요? 만약 어떤 상황에 대해 슬퍼하고 있다면, 그 상황에서 조그만 행복을 발견할 순 없을까요? 예를 들면, 사람들은 사랑하는 사람을 잃었을 때 종종 상실의 슬픔에 압도된 나머지 사랑하는 사람과 오랜 세월 함께 누렸던 모든 행복과 기쁨을 간과하는 경향이 있습니다. 상상을 통해 반대되는 감정을 탐험하면 많은 것을 배울 수 있습니다.

열기와 비우기

참선, 혹은 좌선이란 현재의 순간을 내려놓는 선불교의 고전적인 수련법입니다. 선불교 승려들은 이런 명상을 하는 데 많은 시간을 사용합니다. 분열되지 않고 열린 의식 상태를 추구하면서 자신의 의식을 계속 펼쳐나갑니다. 명상의 지침을 주의 깊게 따르면서 꾸준히 수련한다면 언젠가는 고요하면서도 각성된 특별한 의식 상태를 경험할 수 있을 것입니다.

의식의 초점은 현재의 순간에 맞추어져 있고, 수용적이고 개방적인 상태를 유지하면서도 산만하지 않습니다. 각성된 동시에 차분한 뇌 패턴을 보이며, 대뇌 피질에 장기적으로 긍정적인 영향을 미치는 독특한 상태입니다.

몸과 머리를 오른쪽, 왼쪽으로 치우치지 않게 꼿꼿이 세워보세요. 그렇다고 지나치게 경직된 자세는 좋지 않습니다. 혀를 입천장에 가볍게 대고, 입술은 다물고, 윗니와 아랫니를 붙이세요. 눈은 완전히 감거나, 반쯤 감은 상태로 두세요. 차분하고 규칙적으로 호흡하세요. 명상을 시작하면서 머릿속의 모든 생각을 비우세요. 나도 모르게 어떤 생각이 떠오르면, 생각이 떠올랐다는 사실을 인식한 다음 그 생각을 가볍게 흘려보내고 다시 고요하고 맑은 정신으로 돌아오세요.

오랜 시간에 걸쳐 이런 명상을 지속하면 잡생각이 점차 줄어들어 마침내 자연스럽게 정신이 집중되고 명상이 깊어지는 것을 느낄 수 있습니다.

호흡에 집중하기

잠시 동안 호흡에 집중해보세요. 호흡을 변화시킬 필요
는 없습니다. 그냥 자신의 호흡을 의식하세요. 호흡을 의
식하다보면 잔잔한 호기심이 일어 호흡에 동반되는 감각
들을 주목할 수 있게 됩니다. 호흡의 질감과 리듬, 심지어
호흡의 온도까지 느낄 수 있습니다. 이제 호흡을 좀 더 깊
이 들이마시고 잠시 숨을 참으세요. 숨을 내쉴 때 긴장이
완화되는 것을 느낄 수 있나요? 긴장을 내려놓을 때 안도
감이 느껴지나요? 내려놓으세요. 걱정을 내려놓고, 기대
를 내려놓고, 판단을 내려놓으세요.

깊이 호흡하기

이번에는 깊게 다섯 번 호흡하면서, 숨을 들이마실 때마다 자신이 편안하게 호흡하고 있음을 느끼고, 숨을 내뱉을 때마다 남아 있는 긴장을 모두 이완한다고 상상하세요. 매 호흡이 당신을 점점 더 편안하고, 즐겁고, 이완된 상태로 인도합니다. 호흡할 때마다 점점 더 깊은 편안함과 차분함을 경험합니다.

호흡에 집중하며 호흡률을 낮추는 것은 신경계를 안정시키는 간단하지만 매우 효과적인 방법입니다. 빠른 호흡은 긴장의 증가 및 불안 반응과 연관되어 있습니다. 호흡률이 높아지면 신체가 산소를 흡수하는 능력이 떨어집니다. 반대로 느린 호흡은 감정의 평형상태 및 부교감신경의 우세와 연관되어 있습니다.

에너지 끌어올리기

이 수련은 에너지의 자유로운 흐름을 촉진시킬 수 있습니다. 다리를 어깨넓이로 벌린 채 서서, 팔은 양 옆에 느슨하게 늘어뜨리세요. 눈을 감으세요. 두 손으로 주먹을 쥐고 팔과 손의 근육을 가볍게 조이세요. 이 동작을 하는 동안 모든 의식을 자신의 손과 팔에 집중시키세요. 몸의 감각에 주목하여 근육의 수축을 느껴보세요. 약 30초 간 온 정신을 근육의 수축에만 집중시키세요. 30초가 지나면 주먹을 펴고 손과 팔의 긴장을 푸세요. 손과 팔의 느낌에 주목해보세요. 근육을 이완하면 자신의 손과 팔이 더 길어진 것 같은 느낌을 받을지도 모릅니다. 어떤 감각이 느껴지는지 집중해보세요. 30초 간 이완된 상태를 유지하세요. 이런 식으로 근육을 조이고 푸는 동작을 5회 반복하고, 동작을 하는 내내 정신 집중을 유지하세요.

좀 더 의욕이 느껴진다면 두 팔을 머리 위로 들거나, 앞으로 나란히 뻗거나, 양 옆으로 활짝 펼친 자세로 같은 동작을 할 수도 있습니다. 정신을 집중하면서 근육을 수축시키고 이완시키는 같은 패턴을 반복하세요. 마침내 에너지의 흐름이 촉진되었다는 증거로 손에서 얼얼하고 따뜻한 감각이 느껴지기 시작할 것입니다.

에너지 순환하기

손과 팔에서 에너지를 느끼는 데 성공했다면 이번에는 그 에너지를 순환시키는 방법을 실험합니다. 손에서 따뜻하고 얼얼한 감각이 느껴질 때, 그 감각이 팔 위로 올라온다고 상상해보세요. 어깨 쪽으로 이동한다고 상상하세요. 서서히 몸 전체로 그 감각을 이동시켜보세요. 특별히 건강이 신경 쓰이는 부분에 집중적으로 에너지를 보낼 수도 있습니다. 이 수련은 연습을 거듭할수록 점점 쉬워지고, 정신 집중을 유지할 때 가장 효과가 좋습니다.

무의식적 주목

당신은 몽상이나 백일몽에 빠져 정신을 놓은 적이 있나요? 그것이 무의식적인 주목으로 가는 관문입니다. 내면의 중요한 뭔가에 깊이 집중하느라 얼마인지 모를 시간을 보내다 갑자기 정신을 차려 자신이 지금 있는 장소나, 하고 있는 일을 까맣게 잊고 있었다는 사실을 깨달은 경험이 있나요? 이는 일종의 무아지경 상태가 저절로 시작된 것입니다. 개인적으로 중요한 의미가 있거나, 당신을 매혹시킬 잠재력이 있는 상징물을 찾아보세요. 만다라나 에셔Escher의 그림 한 점, 무엇이든 자신에게 의미 있는 시각자료를 활용하면 도움이 될 수 있습니다. 그러나 시각자

료에 직접적으로 집중하지 말고, 그것을 바라보면서 당신의 생각이 자유롭게 떠다니도록 내버려두세요. 사색과 집중을 심화하면서 머릿속에 떠오르는 것은 무엇이든 허용하여 자신의 고유한 생각과 감정이 촉발되도록 유도하세요.

자신의 주의력을 최대한 동원하여 유연하고도 집중된 마음상태를 유지하는 것이 좋습니다. 다양한 종류의 시각 자료가 주의력에 영향을 미칠 수 있습니다. 다이어그램, 지도, 혹은 그래프가 당신의 개인적인 흥미를 불러일으켜 집중력을 향상시키는 매개체가 될 수 있습니다. 다양한 시각자료를 실험해보세요.

기분 전환

당신이 좋지 않은 기분에 반복적으로 빠져든다면, 다르게
대처할 수 있는 선택지를 갖기 원한다면, 문제의 그 기분
에 대해 생각해보는 시간을 가지세요.

이제 문제의 그 기분에 잘 어울릴 것 같은 음악을 몇 가지
떠올려보고, 마음속으로 그 음악을 듣는다고 상상하세요.
　음악을 계속 들으면서 당신이 문제의 기분을 강렬하게
느꼈던 때를 생각해보세요. 그리고 어떤 변화가 생기는
지 주목하세요.

이번에는 다른 음악으로 시도해보세요. 당신의 기분을 효과적으로 전환해줄 음악을 찾을 때까지 여러 음악을 실험해보세요.

가장 효과적인 음악을 찾았다면, 이 음악을 추후 언제, 어디에서 유용하게 사용할 수 있을지 생각해보세요. 그런 다음, 자신이 그 상황에 처했다고 상상하세요. 그 상황에서 기존과 다른 선택지를 고려할 수 있도록 머릿속에 울려 퍼지는 음악 소리를 들어보세요.

목소리 위치
바꾸기

대부분의 사람들이 자신을 괴롭히는 목소리의 존재를 쉽게 인식하지만, 그 목소리에 진정 귀를 기울이고, 어디에서 들려오는지 주목하는 사람은 별로 없습니다. 목소리의 위치가 목소리가 미치는 영향에 중요한 역할을 한다는 사실이 밝혀졌는데, 목소리의 내용은 바꾸기 어려워도 위치는 비교적 바꾸기 쉽습니다.

기분을 상하게 만드는 문제의 목소리에 귀를 기울이고, 어디에 위치하는지 주목해보세요. 대부분의 목소리는 자신의 머리 안쪽 어딘가에 위치하거나, 머리 바로 주변에 위치합니다.

문제의 목소리가 당신의 머리 안쪽에 위치하나요, 아니면 바깥에 위치하나요?

머리 앞쪽에 있나요, 뒤쪽에 있나요? 왼쪽, 오른쪽 중어느 쪽에 가깝나요? 머리 윗부분인가요, 아랫부분인가요?

목소리의 방향은 어디를 향하고 있나요? 당신 쪽을 향하나요? 아니면 바깥쪽을 향하고 있나요? 그 중간의 어딘가를 향하나요?

시간을 내어 목소리의 위치와 관련된 다양한 양상을 모두식별해내보세요. 먼저 손가락이나 손으로 목소리의 위치와 방향을 가리켜보는 방법이 도움이 될 수 있습니다.

문제의 목소리가 머리 바깥에 위치한 경우, 대부분 목소리의 방향이 자신의 머리 쪽을 향합니다. 이제 문제의 목소리가 어디에 위치하고, 어느 방향을 향하는지 알았다면위치와 방향을 약간 변경해보세요. 그리고 그것이 당신의반응을 어떻게 변화시키는지 주목하세요. 먼저 목소리의 방향을 변경하고, 이 변화가 목소리에 대한 당신의 경험을 어떻게 변화시키는지 느껴보세요. 목소리가 똑바로 위를 향할 때와 똑바로 아래를 향할 때, 어떤 차이가 발생하는지 주목하세요. 마찬가지로 왼쪽과 오른쪽, 앞쪽과 뒤쪽의 차이점에도 주목하세요.

목소리의 방향이 바깥쪽을 향할 때는 크기가 작은 편이고, 목소리에 대한 반응도 격렬하지 않은 경우가 많습니다. 대부분의 사람들은 목소리가 바깥쪽을 향할 때 편안하게 느끼기 때문에 목소리가 말하는 내용에 좀 더 수월하게 귀를 기울일 수 있게 됩니다.

참고문헌에 제시된 모든 책은 W. W. Norton & Company, Inc. (뉴욕)에서 출판되었습니다.

p. 12 Simpkins, C. Alexander, and Annellen M. Simpkins, Meditation for Therapists and Their Clients (2009), p. 18.

p. 15 Simpkins, C. Alexander, and Annellen M. Simpkins, Meditation for Therapists and Their Clients (2009), p. 16.

p. 17 McMullin, Rian E., Taking Out Your Mental Trash: A Consumer's Guide to Cognitive Restructuring Therapy (2005), pp. 21–22.

p. 20 O'Hanlon, Bill, Change 101: A Practical Guide to Creating Change in Life or Therapy (2006), p. 96.

p. 22 Hernandez, Joseph, Family Wellness Skills: Quick Assessment and Practical Interventions for the Mental Health Professionals (2013), pp. 151–152.

p. 24 Hernandez, Joseph, Family Wellness Skills: Quick Assessment and Practical Interventions for the Mental Health Professionals (2013), pp. 104–105.

p. 27 Hill, Robert D., Seven Strategies for Positive Aging (2008), 91.

p. 29 Taibbi, Robert, Boot Camp Therapy: Brief, Action-Oriented Clinical Approaches to Anxiety, Anger & Depression (2013), pp. 40–41.

p. 31 McGoldrick, Monica, The Genogram Journey: Reconnecting with Your Family (2011), p. 21.

p. 34 Hill, Robert D., Seven Strategies for Positive Aging (2008), p. 132.

p. 37 Bruun, Elena Lesser, and Anne F. Ziff, Marrying Well: The Clinician's Guide to Pre-Marital Counseling (2010), p. 159.

p. 39 Stern, Daniel N., The Present Moment in Psychotherapy and Everyday Life (2004), p. 3, pp. 27–28.

p. 41 Shannon, Scott M., Mental Health for the Whole Child: Moving Young Clients from Disease & Disorder to Balance & Wellness (2013), p. xxiii, pp. 16–17.

p. 44 Waites, Elizabeth A., Memory Quest: Trauma and the Search for Personal Identity (1996), p. 271.

p. 47 Weiser Cornell, Anne, Focusing in Clinical Practice: The Essence of Change (2013), p. xix.

p. 49 Bruun, Elena Lesser, and Anne F. Ziff, Marrying Well: The Clinician's Guide to Pre-Marital Counseling (2010), p. 155.

p. 51 McGoldrick, Monica, The Genogram Journey: Reconnecting with Your Family (2011), p. 316.

p. 54 Hernandez, Joseph, Family Wellness Skills: Quick Assessment and Practical Interventions for the Mental Health Professional (2013), p. 123.

p. 56 Chenail, Ronald J., Anthony Heath, and Anne Hearon Rambo, Practicing Therapy: Exercises for Growing Therapists (1993), p. 139.

p. 58 Scott, Elizabeth Anne, 8 Keys to Stress Management (2013), p. 15.

p. 60 Hernandez, Joseph, Family Wellness Skills: Quick Assessment and Practical Interventions for the Mental Health Professionals (2013), p. 178.

p. 62 Berg, Insoo Kim, and Peter Szabó, Brief Coaching for Lasting Solutions (2005), p. 18–19.

p. 64 McMullin, Rian E., Taking Out Your Mental Trash: A Consumer's Guide to Cognitive Restructuring Therapy (2005), p. 95.

p. 66 McMullin, Rian E., Taking Out Your Mental Trash: A Consumer's Guide to Cognitive Restructuring Therapy (2005), p. 213.

p. 68 Daitch, Carolyn, Affect Regulation Toolbox: Practical and Effective Hypnotic Interventions for the Over-Reactive Client (2007), pp. 90–91.

p. 70 Hernandez, Joseph, Family Wellness Skills: Quick Assessment and Practical Interventions for the Mental Health Professionals (2013), pp. 157.

p. 72 Abblett, Mitch, The Heat of the Moment in Treatment: Mindful Management of Difficult Clients (2013), p. xvii.

p. 74 O'Hanlon, Bill, Change 101: A Practical Guide to Creating Change in Life or Therapy (2006), p. 92.

p. 77 Rettew, David, Child Temperament: New Thinking About the Boundary Between Traits and Illness (2013), p. 45.

p. 80 O'Hanlon, Bill, Change 101: A Practical Guide to Creating Change in Life or Therapy (2006), p. 128.

p. 82 Diamond, Ronald, and Patricia L. Scheifler, Treatment Collaboration: Improving the Therapist, Prescriber, Client Relationship (2007), p. 302.

p. 84 Waites, Elizabeth A., Memory Quest: Trauma and the Search for Personal History (1996), p. 14.

p. 86 롤로 메이 저, 이정희 역, 《자유와 운명》, 우성출판사(김조운), 1983

p. 88 Hernandez, Joseph, Family Wellness Skills: Quick Assessment and Practical Interventions for the Mental Health Professionals (2013), pp.158-159.

p. 90 Gottman, John M., The Science of Trust: Emotional Attunement for Couples (2011), p. 14.

p. 92 Dinicola, Vincenzo, A Stranger in the Family: Culture, Families, and Therapy (1997), p. 14.

p. 94 Andreas, Steve, Transforming Negative Self-Talk: Practical, Effective Exercises (2012), p. 49.

p. 97 Gottman, John M., The Science of Trust: Emotional Attunement for Couples (2011), p. 16.

p. 100 Hill, Robert D., Seven Strategies for Positive Aging (2008), p. 132.

p. 103 Diamond, Ronald, and Patricia L. Scheifler, Treatment Collaboration: Improving the Therapist, Prescriber, Client Relationship (2007), pp. 275–276.

p. 106 O'Hanlon, Bill, Change 101: A Practical Guide to Creating Change in Life or Therapy (2006), p. 123.

p. 108 Weiser Cornell, Anne, Focusing in Clinical Practice: The Essence of Change (2013), pp. 14–15.

p. 111 Scaer, Robert, The Trauma Spectrum: Hidden Wounds and Human Resiliency (2005), p. 252.

p. 114 Fish, Linda Stone, and Rebecca G. Harvey, Nurturing Queer Youth: Family Therapy Transformed (2005), p. 216.

p. 116 Hernandez, Joseph, Family Wellness Skills: Quick Assessment and Practical Interventions for the Mental Health Professionals (2013), p. 148.

p. 118 O'Hanlon, Bill, Change 101: A Practical Guide to Creating Change in Life or Therapy (2006), p. 57.

p. 120 Hughes, Daniel A., 8 Keys to Building Your Best Relationships (2013), p. 35.

p. 122 Wehrenberg, Margaret, The 10 Best-Ever Depression Management

Techniques: Understanding How Your Brain Makes You Depressed and What You Can Do to Change It (2011), p. 168.

p. 124 Scaer, Robert, The Trauma Spectrum: Hidden Wounds and Human Resiliency (2005), p. 289.

p. 126 Fish, Linda Stone, and Rebecca G. Harvey, Nurturing Queer Youth: Family Therapy Transformed (2005), p. 219.

p. 128 Scott, Elizabeth Anne, 8 Keys to Stress Management (2013), p. 117.

p. 131 Guidry, Laurie, and Dusty Miller, Addictions and Trauma Recovery (2001), p. 105.

p. 133 Taibbi, Robert, Boot Camp Therapy: Brief, Action-Oriented Clinical Approaches to Anxiety, Anger & Depression (2013), p. 20.

p. 135 Scott, Elizabeth Anne, 8 Keys to Stress Management (2013), p. 114.

p. 137 P.바츨라빅크 저, 박인철 역, 《변화: 역설과 심리요법》, 동문선, 1995

p. 139 Siegel, Daniel J., The Mindful Therapist: A Clinician's Guide to Mindsight and Neural Integration (2010), pp.1–2.

p. 141 Simpkins, C. Alexander, and Annellen M. Simpkins, Meditation for Therapists and Their Clients (2009), p. 37.

p. 143 캐롤린 코스틴, 그웬 그랩 저, 오지영 역, 《음식이 아니라 마음이 문제였습니다》, 메이트북스, 2018

p. 147 Hill, Robert D., Seven Strategies for Positive Aging (2008), pp.79–80.

p. 149 Andreas, Steve, Transforming Negative Self-Talk: Practical, Effective Exercises (2012), p. 83.

p. 151 O'Hanlon, Bill, Change 101: A Practical Guide to Creating Change in Life or Therapy (2006), p. 39.

p. 153 Wehrenberg, Margaret, The 10 Best-Ever Depression Management Techniques: Understanding How Your Brain Makes You Depressed and What You Can Do to Change It (2011), pp. 253–254.

p. 156 롤로 메이 저, 이정희 역,《자유와 운명》, 우성출판사(김조운), 1983

p. 158 Boon, Suzette, Kathy Steele, and Onno van der Hart, Coping with Trauma-Related Dissociation: Skills Training for Patients and Therapists (2011), pp. 264–265.

p. 160 Hernandez, Joseph, Family Wellness Skills: Quick Assessment and Practical Interventions for the Mental Health Professionals (2013), p. 75.

p. 162 Wehrenberg, Margaret, The 10 Best-Ever Depression Management Techniques: Understanding How Your Brain Makes You Depressed and What You Can Do to Change It (2011), pp. 121–122.

p. 164 Scott, Elizabeth Anne, 8 Keys to Stress Management (2013), p. 53.

p. 166 O'Hanlon, Bill, Change 101: A Practical Guide to Creating Change in Life or Therapy (2006), p. 58.

p. 168 Simpkins, C. Alexander, and Annellen M. Simpkins, Meditation for Therapists and Their Clients (2009), p. 90.

p. 170 Wehrenberg, Margaret, The 10 Best-Ever Depression Management Techniques: Understanding How Your Brain Makes You Depressed and What You Can Do to Change It(2011), p. 204.

p. 172 Scott, Elizabeth Anne, 8 Keys to Stress Management (2013), p. 118.

p. 174 Andreas, Steve, Transforming Negative Self-Talk: Practical, Effective Exercises (2012), p. 49.

p. 176 Andreas, Steve, Transforming Negative Self-Talk: Practical, Effective Exercises (2012), p. 65.

p. 179 Scott, Elizabeth Anne, 8 Keys to Stress Management (2013), p. 107.

p. 181 O'Hanlon, Bill, Change 101: A Practical Guide to Creating Change in Life or Therapy (2006), pp. 145–146.

p. 183 Simpkins, C. Alexander, and Annellen M. Simpkins, Meditation for Therapists and Their Clients (2009), p. 99.

p. 185 Daitch, Carolyn, Affect Regulation Toolbox: Practical and Effective Hypnotic Interventions for the Over-Reactive Client (2007), p. 93.

p. 187 Fish, Linda Stone, and Rebecca G. Harvey, Nurturing Queer Youth: Family Therapy Transformed (2005), p. 20.

p. 189 Chenail, Ronald J., Anthony Heath, and Anne Hearon Rambo, Practicing Therapy: Exercises for Growing Therapists (1993), p. 125.

p. 191 Hernandez, Joseph, Family Wellness Skills: Quick Assessment and Practical Interventions for the Mental Health Professionals (2013), p. 85.

p. 193 Hernandez, Joseph, Family Wellness Skills: Quick Assessment and Practical Interventions for the Mental Health Professionals (2013), p. 125.

p. 195 Scott, Elizabeth Anne, 8 Keys to Stress Management (2013), p. 125.

p. 197 Hill, Robert D., Seven Strategies for Positive Aging (2008), p. 106.

p. 199 Scott, Elizabeth Anne, 8 Keys to Stress Management (2013), p. 178.

p. 201 Hernandez, Joseph, Family Wellness Skills: Quick Assessment and Practical Interventions for the Mental Health Professionals (2013), p. 201.

p. 203 롤로 메이 저, 이정희 역,《자유와 운명》, 우성출판사(김조운), 1983

p. 205 Wehrenberg, Margaret, The 10 Best-Ever Depression Management Techniques: Understanding How Your Brain Makes You Depressed and What You Can Do to Change It (2011), p. 247.

p. 207 Scott, Elizabeth Anne, 8 Keys to Stress Management (2013), pp. 22–23.

p. 209 Hernandez, Joseph, Family Wellness Skills: Quick Assessment and Practical Interventions for the Mental Health Professionals (2013), p. 190.

p. 211 Hughes, Daniel A., Attachment-Focused Parenting: Effective Strategies to Care for Children (2009), p. 8.

p. 213 Bruun, Elena Lesser, and Anne F. Ziff, Marrying Well: The Clinician's Guide to Pre-Marital Counseling (2010), p. 157.

p. 215 Andreas, Steve, Transforming Negative Self-Talk: Practical, Effective Exercises (2012), p. 73.

p. 218 Hernandez, Joseph, Family Wellness Skills: Quick Assessment and Practical Interventions for the Mental Health Professionals (2013), pp. 141–142.

p. 220 Hernandez, Joseph, Family Wellness Skills: Quick Assessment and Practical Interventions for the Mental Health Professionals (2013), p. 39.

p. 222 Diamond, Ronald, and Patricia L. Scheifler, Treatment Collaboration: Improving the Therapist, Prescriber, Client Relationship (2007), pp. 292–293.

p. 224 Daitch, Carolyn, Anxiety Disorders: The Go-To Guide for Clients and Therapists (2011), pp. 210–211.

p. 226 Hernandez, Joseph, Family Wellness Skills: Quick Assessment and Practical Interventions for the Mental Health Professionals (2013), p. 193.

p. 228 Daitch, Carolyn, Anxiety Disorders: The Go-To Guide for Clients and Therapists (2011), pp. 41–43.

p. 230 Scott, Elizabeth Anne, 8 Keys to Stress Management (2013), pp. 80–81.

p. 232 Daniel J. Siegel 저, 이영호, 강철민 공역,《쉽게 쓴 대인관계 신경생물학 지침서: 마음에 대한 통합 안내서》, 학지사, 2016.

p. 234 Diamond, Ronald, and Patricia L. Scheifler, Treatment Collaboration: Improving the Therapist, Prescriber, Client Relationship (2007), p. 278.

p. 236 McMullin, Rian E., Taking Out Your Mental Trash: A Consumer's Guide to Cognitive Restructuring Therapy (2005), p. 42.

p. 238 Scott, Elizabeth Anne, 8 Keys to Stress Management (2013), p. 103.

p. 240 Daniel A. Hughes, Jonathan Baylin 저, 김세영, 신형정, 윤미원, 홍라나 공역,《두뇌에 기초한 양육: 신경과학으로 풀어가는 건강한 양육》,

2017.

p. 243 Hernandez, Joseph, Family Wellness Skills: Quick Assessment and Practical Interventions for the Mental Health Professionals (2013), p. 94.

p. 245 O'Hanlon, Bill, Change 101: A Practical Guide to Creating Change in Life or Therapy (2006), p. 124.

p. 247 Hill, Robert D., Seven Strategies for Positive Aging (2008), p. 103.

p. 249 Solomon, Marion, and Stan Tatkin, Love and War in Intimate Relationships: Connection, Disconnection, and Mutual Regulation in Couple Therapy (2011), p. 33.

p. 251 Diamond, Ronald, and Patricia L. Scheifler, Treatment Collaboration: Improving the Therapist, Prescriber, Client Relationship (2007), pp. 271–272.

p. 253 McGoldrick, Monica, The Genogram Journey: Reconnecting with Your Family (2011), p. 343.

p. 255 Hernandez, Joseph, Family Wellness Skills: Quick Assessment and Practical Interventions for the Mental Health Professionals (2013), p. 17.

p. 257 Hill, Robert D., Seven Strategies for Positive Aging (2008), p. 114.

p. 259 Shannon, Scott M., Mental Health for the Whole Child: Moving Young Clients from Disease & Disorder to Balance & Wellness (2013), p. 52.

p. 261 Hernandez, Joseph, Family Wellness Skills: Quick Assessment and Practical Interventions for the Mental Health Professionals (2013), p. 88.

p. 263 Kerman, Michael, ed., Clinical Pearls of Wisdom: 21 Leading Therapists Offer Their Key Insights (2009), p. 136.

p. 265 Hill, Robert D., Seven Strategies for Positive Aging (2008), p. 113.

p. 267 Bruun, Elena Lesser, and Anne F. Ziff, Marrying Well: The Clinician's Guide to Pre-Marital Counseling (2010), p. 198.

p. 271 Goldberg, Louise, Yoga Therapy for Children with Autism and Special
        Needs (2013), 48–49.

p. 273 Wexler, David B., The PRISM Workbook: A Program for Innovative
        Self-Management (1991), p. 71.

p. 274 Wexler, David B., The PRISM Workbook: A Program for Innovative
        Self-Management (1991), p. 67.

p. 275 Wexler, David B., The PRISM Workbook: A Program for Innovative
        Self-Management (1991), p. 47.

p. 277 Wexler, David B., The PRISM Workbook: A Program for Innovative
        Self-Management (1991), p. 19.

p. 279 Wexler, David B., The PRISM Workbook: A Program for Innovative
        Self-Management (1991), p. 11.

p. 280 Wexler, David B., The PRISM Workbook: A Program for Innovative
        Self-Management (1991), p. 17.

p. 281 Wexler, David B., The PRISM Workbook: A Program for Innovative
        Self-Management (1991), p. 69.

p. 283 Wexler, David B., The PRISM Workbook: A Program for Innovative
        Self-Management (1991), p. 7.

p. 284 Simpkins, C. Alexander, and Annellen M. Simpkins, Meditation for
        Therapists and Their Clients (2009), p. 164.

p. 287 Daitch, Carolyn, Affect Regulation Toolbox: Practical and Effective
        Hypnotic Interventions for the Over-Reactive Client (2007), p. 81.

p. 290 Daitch, Carolyn, Affect Regulation Toolbox: Practical and Effective
        Hypnotic Interventions for the Over-Reactive Client (2007), p. 85.

p. 292 Daitch, Carolyn, Affect Regulation Toolbox: Practical and Effective
        Hypnotic Interventions for the Over-Reactive Client (2007), p. 164.

p. 294 Daitch, Carolyn, Affect Regulation Toolbox: Practical and Effective

Hypnotic Interventions for the Over-Reactive Client (2007), p. 88.

p. 296 Daitch, Carolyn, Affect Regulation Toolbox: Practical and Effective Hypnotic Interventions for the Over-Reactive Client (2007), p. 173.

p. 298 Simpkins, C. Alexander, and Annellen M. Simpkins, The Dao of Neuroscience (2010), p. 211.

p. 300 Simpkins, C. Alexander, and Annellen M. Simpkins, The Dao of Neuroscience (2010), p. 194.

p. 302 Simpkins, C. Alexander, and Annellen M. Simpkins, The Dao of Neuroscience (2010), p. 193.

p. 304 Simpkins, C. Alexander, and Annellen M. Simpkins, The Dao of Neuroscience (2010), p. 195.

p. 306 Daitch, Carolyn, Affect Regulation Toolbox: Practical and Effective Hypnotic Interventions for the Over-Reactive Client (2007), p. 68.

p. 307 Daitch, Carolyn, Affect Regulation Toolbox: Practical and Effective Hypnotic Interventions for the Over-Reactive Client (2007), p. 69.

p. 309 Simpkins, C. Alexander, and Annellen M. Simpkins, The Dao of Neuroscience (2010), p. 212.

p. 311 Simpkins, C. Alexander, and Annellen M. Simpkins, The Dao of Neuroscience (2010), p. 212.

p. 312 Simpkins, C. Alexander, and Annellen M. Simpkins, Neuro-Hypnosis: Using Self-Hypnosis to Activate the Brain for Change (2010), p. 84.

p. 314 Andreas, Steve, Transforming Negative Self-Talk: Practical, Effective Exercises (2012), p. 44.

p. 316 Andreas, Steve, Transforming Negative Self-Talk: Practical, Effective Exercises (2012), p. 11.

주제별
찾기

아침 명상

초판 1쇄 인쇄 2020년(단기 4353년) 11월 17일
초판 1쇄 발행 2020년(단기 4353년) 11월 25일

엮은이 | 노튼 출판사 편집부
옮긴이 | 지소강
펴낸이 | 심남숙
펴낸곳 | ㈜ 한문화멀티미디어
등록 | 1990. 11. 28 제21-209호
주소 | 서울시 광진구 능동로 43길 3-5 동인빌딩 3층 (04915)
전화 | 영업부 2016-3500 · 편집부 2016-3507
홈페이지 | http://www.hanmunhwa.com

편집 | 이미향 강정화 최연실
기획·홍보 | 진정근
디자인 제작 | 이정희
경영 | 강윤정 조동희
영업·물류 | 윤정호
회계 | 김옥희

만든 사람들
책임 편집 | 김경실   디자인 | room 501
인쇄 | 천일문화사

ISBN 978-89-5699-404-8 03180